世界五千年
科技故事丛书
卢嘉锡题

《世界五千年科技故事丛书》
编审委员会

丛书顾问　钱临照　卢嘉锡　席泽宗　路甬祥
主　　编　管成学　赵骥民
副 主 编　何绍庚　汪广仁　许国良　刘保垣
编　　委　王渝生　卢家明　李彦君　李方正　杨效雷

世界五千年科技故事丛书

魂系祖国好河山

徐霞客的故事

丛书主编　管成学　赵骥民
编著　陈文滨

吉林出版集团｜吉林科学技术出版社

图书在版编目（CIP）数据

魂系祖国好河山：徐霞客的故事 / 管成学，赵骥民主编. -- 长春：吉林科学技术出版社，2012.10（2022.1重印）
ISBN 978-7-5384-6136-7

Ⅰ.①魂… Ⅱ.①管… ②赵… Ⅲ.①徐霞客（1586～1641）—生平事迹—通俗读物 Ⅳ.①K825.89-49

中国版本图书馆CIP数据核字（2012）第156294号

魂系祖国好河山：徐霞客的故事

主　　编	管成学　赵骥民
出 版 人	宛　霞
选题策划	张瑛琳
责任编辑	张胜利
封面设计	新华智品
制　　版	长春美印图文设计有限公司
开　　本	640mm×960mm　1 / 16
字　　数	100千字
印　　张	7.5
版　　次	2012年10月第1版
印　　次	2022年1月第5次印刷

出　　版	吉林出版集团
	吉林科学技术出版社
发　　行	吉林科学技术出版社
地　　址	长春市净月区福祉大路5788号
邮　　编	130118
发行部电话 / 传真	0431-81629529　81629530　81629531
	81629532　81629533　81629534
储运部电话	0431-86059116
编辑部电话	0431-81629518
网　　址	www.jlstp.net
印　　刷	北京一鑫印务有限责任公司

书　　号	ISBN 978-7-5384-6136-7
定　　价	33.00元

如有印装质量问题可寄出版社调换
版权所有　翻印必究　举报电话：0431-81629508

序 言

十一届全国人大副委员长、中国科学院前院长、两院院士

放眼21世纪，科学技术将以无法想象的速度迅猛发展，知识经济将全面崛起，国际竞争与合作将出现前所未有的激烈和广泛局面。在严峻的挑战面前，中华民族靠什么屹立于世界民族之林？靠人才，靠德、智、体、能、美全面发展的一代新人。今天的中小学生届时将要肩负起民族强盛的历史使命。为此，我们的知识界、出版界都应责无旁贷地多为他们提供丰富的精神养料。现在，一套大型的向广大青少年传播世界科学技术史知识的科普读物《世

序 言

界五千年科技故事丛书》出版面世了。

由中国科学院自然科学研究所、清华大学科技史暨古文献研究所、中国中医研究院医史文献研究所和温州师范学院、吉林省科普作家协会的同志们共同撰写的这套丛书，以世界五千年科学技术史为经，以各时代杰出的科技精英的科技创新活动作纬，勾画了世界科技发展的生动图景。作者着力于科学性与可读性相结合，思想性与趣味性相结合，历史性与时代性相结合，通过故事来讲述科学发现的真实历史条件和科学工作的艰苦性。本书中介绍了科学家们独立思考、敢于怀疑、勇于创新、百折不挠、求真务实的科学精神和他们在工作生活中宝贵的协作、友爱、宽容的人文精神。使青少年读者从科学家的故事中感受科学大师们的智慧、科学的思维方法和实验方法，受到有益的思想启迪。从有关人类重大科技活动的故事中，引起对人类社会发展重大问题的密切关注，全面地理解科学，树立正确的科学观，在知识经济时代理智地对待科学、对待社会、对待人生。阅读这套丛书是对课本的很好补充，是进行素质教育的理想读物。

读史使人明智。在历史的长河中，中华民族曾经创造了灿烂的科技文明，明代以前我国的科技一直处于世界领

序 言

先地位，涌现出张衡、张仲景、祖冲之、僧一行、沈括、郭守敬、李时珍、徐光启、宋应星这样一批具有世界影响的科学家，而在近现代，中国具有世界级影响的科学家并不多，与我们这个有着13亿人口的泱泱大国并不相称，与世界先进科技水平相比较，在总体上我国的科技水平还存在着较大差距。当今世界各国都把科学技术视为推动社会发展的巨大动力，把培养科技创新人才当做提高创新能力的战略方针。我国也不失时机地确立了科技兴国战略，确立了全面实施素质教育，提高全民素质，培养适应21世纪需要的创新人才的战略决策。党的十六大又提出要形成全民学习、终身学习的学习型社会，形成比较完善的科技和文化创新体系。要全面建设小康社会，加快推进社会主义现代化建设，我们需要一代具有创新精神的人才，需要更多更伟大的科学家和工程技术人才。我真诚地希望这套丛书能激发青少年爱祖国、爱科学的热情，树立起献身科技事业的信念，努力拼搏，勇攀高峰，争当新世纪的优秀科技创新人才。

目 录

伟大的旅人/011
传统教育的叛逆/015
不求功名　情系山水/022
初上旅途/029
问奇于名山大川/037
沉痛打击/058
重上征途　千里交友/063
西南万里避征/069
彩虹永不消逝/115

伟大的旅人

1640年盛夏的一天，在江南古镇江阴南面的南旸歧村，有两个消息飞快地传递着："老爷回来了！""老爷病倒了！"随着好一阵忙碌，一个面容憔悴、双腿已不能动弹的老人被人们抬进了一朱门大院。

老人被安置在一张床上，周围一片忙乱，一片啜泣声。然而老人心里却兴奋不已，眼里渗出了激动的泪水。他离家已4年了，曾经几度死里逃生，现在重又回到了家人的身边，怎能不兴奋、不激动呢？他声音脆弱，但却表情轻松地说道："不要哭，不要哭！我从万里之遥安全回来了，可以对父母尽全归之义了，大家应该高兴才对，不应该是这样迎接我呀！"

老人终日卧床不起。他命仆人将他带回的各种各样的怪石放置于床沿，有晶莹剔透如白玉的，有圪里圪垯如蜂窝的，有开叉分枝如树枝的等等。他很少会客，很少言语，几乎是整天地摩挲着这些怪石度日。有时会露出欣慰的微笑，有时又遗憾地摇摇头。半年之后，老人伴着怪石溘然长逝了。

这位老人是什么人？是异地为官的老爷？是淘金寻宝的探险者？还是戍守边关的武士？不，都不是。他是一位伟大的旅人，是被时人称之为奇人的我国古代最杰出的地理学家——徐霞客（1587—1641）。他把他的一生都献给了祖国的地理考察事业！

徐霞客，名弘祖，字振之，"霞客"是39岁时朋友送他的别号。因他爱看奇书，爱行奇事，并且创造了许多奇迹，故又被时人称之为"千古奇人"。

他一生勤奋好学，博览群书，却淡泊功名，热爱大自然，喜游山水。在交通条件极不便利的时代，在不受官方委托，没有国家任何资助的情况下，他仅凭个人财力，单薄之躯，曾坚持旅行30余年，足迹遍及今江苏、浙江、福建、广东、安徽、山东、河南、河北、山西、陕西、湖北、江西、湖南、广西、贵州、云南16个省区和京、津、沪等地。他认真细致地考察了各地山脉河流、地形地貌、风土人情等，留下了长达几十万字的旅行日记。后人把他的日记汇编成册，这就是我国古代最大的一部旅游、地理学古著，也是我国历史上第一部根据实地考察的资料写成的地理著作——《徐霞客游记》，在当时世界上也是内容最为丰富的地理学巨著之一。

徐霞客旅游好探险寻奇,他到过许多人迹罕至的高山险地,游历了许多鲜为人知的少数民族地区,自然他写出的书会让人耳目一新,给人以奇异之感,被世人称之为第一大奇书。然而让后人更为惊奇的是,在科学极不发达的时代,霞客仅通过目测步量,得出的许多结论,竟与近代科学得出的结论极为相近。尤其是对岩溶地貌的研究上,他是中国也是世界上系统研究这一领域的第一人,比西方学者早了一两个世纪。而且他对岩溶地貌分类,对各种地形特征的概括、命名及成因的分析等,都极为科学。英国著名的科技史专家李约瑟在读了他的书后赞道:"《徐霞客游记》读来并不像是17世纪的学者所写的东西,倒像是一位20世纪的野外勘测家所写考察记录。"这使徐霞客和他的著作,在我国和世界科学发展史上都享有崇高的地位。

用历史的眼光来看,霞客不仅是位奇人,而且是一时代伟人。徐霞客生活的年代,正是世界历史发生重大社会变革的时代。在西方,由于资本主义生产关系的迅速发展,已处在了资本主义革命的前夜,各种实用自然科学蓬勃兴起。哥白尼、布鲁诺的天文学新观念,已引起了天文学革命;培根喊着"知识即力量"的口号,开辟了近代唯物主义哲学和实验科学之路;维萨留斯和哈维揭开了人体生理的奥秘,促使了近代生理科学的兴起;伽利略的多才多艺正推动着物理学的进步……在中国,在手工业发达的江浙一带，也已出现了资本主义的手工工场。资本主义生产关系的发展，需要实用科学，因而徐霞客等一批重视实用知识的科学巨匠应时而起。李时珍踏遍青山，尝百草，写出医药学巨著《本草纲目》；徐光启研究天文、历法和农业科学，写出了集大成的《农政全书》；宋应星深入农村、厂矿，写出了百科全书式的《天工开物》，分别在医学、农业、手工业等方面作出了巨大贡献，推动了生产力的发展。为了开发资源，发展经济，徐霞客则在了解地形地貌，探索大自然规律方面作出了卓越贡献，为我国地理学研究由书斋走向实地考察，由单纯的地理研究转向综合地理考察开辟了道路。

传统教育的叛逆

1587年1月5日（明万历十四年十一月二十七日），徐霞客诞生于南直隶江阴县南旸歧村，即今江苏省江阴市南旸歧。

徐霞客的家庭是封建社会里典型的书香门第，也曾是有名的官宦世家。最早的祖先可以追溯到北宋的徐锢，他是河南新郑人，曾任开封府尹，是为一世祖。宋王朝南迁时，徐家跟随南迁，成为苏杭一带有名的仕族。在明朝初年，九世祖徐麒曾拜学于大学问家宋濂，学识渊博，道德高尚，名闻朝野。后以布衣承诏出使蜀川，披岩剔险，招抚羌人，获一品顶戴荣归故里，使徐门盛极一时。于是读书以求仕成为徐门的传统。明弘治年间，十三世祖徐经，在乡试中曾一举成名，与著名画家唐寅（唐伯虎）并为经魁（经科考试第一名），但在会试中受人诬告，未能及第。从此以后，徐门历代虽不乏有人为官，但科举之路不畅，终难有人成大气候，徐门便逐渐衰微。

后又几经分家，到徐霞客出世时，江阴南旸歧徐门已沦落为一般地主之家了。因为徐霞客的父亲徐有勉，性情孤傲耿直，见明朝后期科场舞弊成风，吏治腐败，便不愿再问科场之事，甚至不愿与官僚权势为友，而是寻趣于奇书，投身于大自然之中，过着清静悠闲的生活。他喜欢坐在后花园里看一些介绍各地方物、人物逸事等的所谓的奇书，或置怪石、种奇花异草创造一种奇异之境。他也喜欢领着家童去野外游览，去爬苏州虎丘山，游杭州西湖，或到太湖荡舟。他最感惬意的是坐在一风景清幽的去处，一边品着新茶，一边欣赏山水美景。然而，他最不乐意的是与官僚权势打交道。若听说有地方官僚拜访徐门，他则唯恐躲之不及，或深藏于后院，或远避于野外。因徐有勉终身不仕，又不愿奉迎权势，没有官府的庇护，便使徐门屡遭豪族欺负，甚至连盗贼也经常光顾。他的一条腿就是因遭到盗贼的夜袭而不幸致残，后在老年时又是因遭到盗贼的伤害而一病不起。

徐霞客出生时，徐有勉已42岁了，他虽厌恶科场，不愿为官，但他也不愿接受家族急剧衰落的现实。大儿子已成年，因深受他的影响也不可能有大作为。他便寄希望于这刚出世的小儿子，于是给他取名为弘祖，字振之，希望他能重走科举之路，振兴祖业。

小霞客生得眉清目秀，一双大眼睛透着灵气，性格活泼好动，非常逗人喜欢。刚学会走路，一双小腿便一个劲地往屋外冲，屋前屋后地追着鸡、鸭、猫、狗闹着玩。会说话了，更是学这学那，问这问那，逗得大人乐不可支。父亲徐有勉很注意对他的教育，不再像带其他孩子那样把他带出去玩了，而是尽可能地教他识字、算术，培养看书的兴趣，讲一些名人成才的故事。在他7岁那年，便被送进了附近一家私塾，开始接受传统教育。

　　私塾的生活很枯燥，几乎整天就是读书背书，从《三字经》《千字文》到各朝的古文、诗词，霞客背过的书摞起来总有一两尺高呢。然后先生才开始逐句讲解课文，教他们作短文，霞客很不习惯这样的生活，尤其是不喜欢看到先生手拿戒尺板着面孔的形象，下了课总是要到外面去尽情地跳一跳蹦一蹦，到林子里捉昆虫，或是跑到地头看农民做事。但他听父亲讲，这是打基础，将来要做大事就要打好基础，如基础没打好，将来做什么也不成。因而，霞客上课还是非常认真的，成绩也很突出，尤其是作文似有"天授"，先生赞他"出口成诵，搦管（执笔）成章"。

　　学完这些，霞客也渐渐大了，先生便开始教他们学四书五经和学作八股文。这对古代的学生来说是非常重要的，因为这就是他们将来科举及第、升官发家的阶梯呢。

　　所谓四书五经，就是指古代孔子、孟子等圣贤留传下来的《论语》《大学》《中庸》《孟子》《易经》等书，都已是两千多年前的陈芝麻烂谷子了，讲的都是礼呀、仁呀、义呀、孝呀等要人遵循封建规章的说教。所谓八股文，则是明朝科举考试规定的一种文体。这种文体有固定格式，要求作文要分为八股，即八部分，每股有每股的要求，股与股之间，还要求用"今夫"、"苟其然"等固定的虚词为连接。八股文的命题规定出自四书五经之中，而且强调文中的议论必须以大理学家朱熹等人注释过的"经典"为依据。这样写文章，就由不得个人思想的发挥了，只能是在前人提供的材料中先剪取一部分，然后按一固定样式拼凑出一段文字。这就跟手艺人做手艺一样。因而作八股文，时人也称之为"制艺"或"时艺"。

明朝科举考试就考这八股文，而八股文作得如何，又取决于人们对四书五经的理解。因而，先生讲四书五经和八股文时特别卖力，学生也都学得特别认真。尤其是讲到历科程墨（历次科举考试的八股文范本）时，先生更是摇头晃脑，学生则又圈又点。可思想活跃的霞客对这怎么也难有兴趣，他觉得四书五经空洞无物，八股文僵硬死板。他希望得到的是有关周围世界的许多实用的知识，而不是不切实际的空洞说教和玩弄文字游戏的技能。

面对当时这样的教育状况，霞客显然是无能为力改变它的，但他可以改变自己的学习。好在他前期的基础打得很扎实，已认识足够多的字了，已能熟练断句了，于是他开始自己找书看,在课堂上做起了小动作。

在他父亲的书房里,有丰富的图书,有的是祖先留传下来的,有的是父亲收藏的。他的父亲爱看与科举无关的奇书,也收藏了很多奇书。霞客一放学回家便到父亲的书房里去翻阅图书,找到自己愿意看的便把它带在身上,上课时压在经书下面看。先生走近时,他移经书遮严,先生走开时,他又将下面的书露出一截。对付先生的提问,他也有一招,每次课前都花点时间把要讲的课文看一遍,记住大概意思,万一先生问到,也可应付了。就这样,霞客看了一本又一本,看了《陶水监传》等一些名人传记和名人诗赋,都没有被先生发现。可有一回,当霞客从他父亲的书房里找到了一本图文并茂的《山海经》时,他再也顾及不了先生的走远与走近和先生的提问了。

那《山海经》是我国古代流传下来的最早的一部地理著作,相传是因袭"九鼎"而成。在远古舜帝时,国有九州,便命人铸九鼎,分别把九州的山川、草木、禽兽以图像的形式标在上面。在夏、商、周三代,九鼎一直是作为国家的象征由国王保存着,人们说的"一言九鼎"即由此而来。在春秋战国时,九鼎成为各国诸侯争夺的对象,也就是在这战乱中九鼎被遗失了。但所幸的是,有人把九鼎上的图像搬到了书上,并因图而叙事,这便成了图文并茂的《山海经》了。《山海经》流传了2000多年,一直被人们所喜爱。在西汉武帝时,因大学问家东方朔用《山海经》上的知识回答出了大臣们都回答不出的问题，还曾下令朝医们都要学习《山海经》。东汉明帝在位时，为了治理黄河，曾把《山海经》和《河渠书》一道赐给水利大臣。但像这样的皇帝实在是太少了。在历代统治者和儒家学者的眼里，这只不过是一本记载有各地奇事趣事的奇书，是一本供人消遣的书，而非那种能安邦治国的大书。

　　霞客一翻开《山海经》，便深深地被里面的内容所吸引。了解到外面还有这么多奇山大川，他觉得心胸一下子开阔了许多，原来山外有山天外有天，世界真是大呀！尤其是书中介绍了许多他见所未见，闻所未闻的各地的奇珍异兽、仙岩怪树，还有圣人和种种优美的神话传说，他不得不赞叹外面世界的神奇！他看着看着，竟然全忘了是在上课，把书翻得哗哗响。怎么同学们都没翻书霞客在翻书？先生注意到他了，"弘祖，我刚才讲的这一段有什么深意吗？"先生一边提问一边朝他走来。霞客仍一个劲地看自己的书，连边上的同学用胳膊肘碰他也未能引起他的注意。"啪"的一声，一只大手拍在了他的桌上，接着把他的书拿了起来，一个严肃的声音对他说："下课给我留下来！"

　　霞客被打手心了，这是他第一次被打手心。尽管并没有打得很痛，因为他在先生的心中从来就不是一个调皮捣蛋的学生，但心里还是难受极了。然而，他的父亲还正严肃地在等待着他呢。

"弘祖，上课开小差了？"

"我看《山海经》了。"

"上课怎能不听讲呢？"

"我觉得《山海经》比先生讲的那些书有趣。"

"读书能光凭兴趣吗？光凭兴趣以后能做大事吗？"

"那倒也不是。我觉得《山海经》比那些经书倒是有更实际的用处，古代大学问家都把它当成地理的实录呢。"

"不要再嘴硬了！你觉得有用有什么用，科举考试又不考它。你总不能跟我一样当一辈子平民吧？"

"那我以后认真听讲就是了。"霞客看父亲难过的样子，只好这样回答。但霞客心里仍惦着那本《山海经》和父亲书房里的书。尽管父亲不许他再进书房了，但只要他在家里，总是想方设法缠他母亲去拿书看。通过他母亲的"地下工作"，他还是细心地读完了那本《山海经》，并读了严忌的诗赋和一些历史、地理方志等图书。

徐霞客的父亲很注意自己的行为对霞客的影响，但他的爱好还是深深影响了霞客，逐渐成长的霞客正是在他父亲收藏的大量奇书中，汲取了丰富的知识养料，并逐渐确立了一生的志向。

不求功名　情系山水

　　转眼近10年寒窗，同学们一个个都跃跃欲试，要去参加科举考试。"一举成名天下知"，这不就是当时读书人最大的心愿吗？可这时的霞客心里却矛盾极了。去考吧，自己打心里不乐意，他觉得那些求功名的人实际上很可怜，写那狗屁八股文，只不过是为了取悦考官和皇上，而鹦鹉学舌、代圣人立言罢了，没有任何实际意义；不去考吧，又怕伤父亲的心。父亲徐有勉年轻时也讨厌科举，19岁便退出了那无聊的游戏。可他终身为布衣，受够了白眼和侮辱，年老时还是希望小儿子霞客能重走科举之路，以挽救家庭衰落的命运。

　　"弘祖，想什么呢？"教了霞客多年的先生看出了他有心事，便问他。霞客一五一十地把情况说了。

　　"那你不求功名想做什么呢？"

"我希望求得知识，求得一切有用的知识。长大后，我希望能像严夫子那样游遍九州大地，把三山五岳、江海湖泊统统看个够。"严夫子，即西汉大学问家严忌，曾周游各地。实际上他的志向并不仅仅是学严忌，他读严忌的诗赋时，看到严忌以天下"州有九，涉其八；岳有五，登其四"而自喜时，他很不以为然，抚掌说"大丈夫当朝碧海而暮苍梧（九嶷山），怎么能因一个地方而局限了自己呢？"他下决心要五岳全登九州全涉，还要到海外去游历一番呢。

"弘祖，你的志向真不小吗，从你看《山海经》那股认真劲儿也可看出点苗头。可惜的是，你是个很有天赋的人，只要稍加努力就可以进学中举的。我劝你还是先求功名吧，等求得功名，再去各地游历获得知识，不是两全其美吗？"

"先生，功名是很难求尽的不是？考了秀才要考举人，考了举人又要考进士，考了进士又想中状元，很多读书人就一辈子泡在这科举考试中不是？"

谈到这，先生语塞了，因为他已经考老了还仍然是个秀才。

明朝的科举主要分三级：院试、乡试和会试。院试是科举考试的最初一级，在府城或直属省的州治所举行。考中了就成为秀才，又被称作相公，比普通人高一头，见了县官可不下跪。有了秀才资格的，可参加三年一次的在京城及各省城举行的乡试。考中后成为举人，又被人尊称为老爷，并有了做官的资格。有了举人身份的，可参加三年一次在京城举行的会试。考中后即成为进士，可以做知县以上的官，甚至是大官。在每次的会试之后，新进士还要进行一次由皇帝亲自主持的殿试，以排定名次，得前三名者，分别被称为状元、榜眼和探花，并被委任要职，那便是荣耀至极了。

但并不是所有读书人都能去参加科举考试的。在院试之前，实际上还有两次考试，即县试和府试，这是资格考试，只有通过这两关的人才能去参加最初一级的院试。霞客他们这些刚出自私塾的童生，要想参加科举，就得首先经过这两类考试。

1602年春，霞客还是遵从父命，随同学们一道来到了古老而秀丽的江阴县城，参加由知县主持的县试。不过霞客也向父亲提出了个要求，就是每一关他只考一次，考过了他就继续往下考，没考过便罢手，不再作第二次努力了。他不想把时间都泡在这上面。

他们提前几天进了县城，有的同学便抓紧时间看书，做考前冲刺。有的同学则四处活动，拉关系，探听舞弊情形。通过与店家的谈话，霞客知道了原来考试舞弊还大有文章呢，有提前向主考官买得题目的，有买通监考人员多多关照的，甚至还有通过主考官背地将已做好的试卷掉包的等等，不胜枚举。听到这些，霞客越发不愿意参加这考试了，这分明不是公平竞争嘛。他不看书，也不去活动，而是抓紧时间去游览县城及附近的名胜古迹了。他以前还从未曾出过家门呢。

霞客领略完了街景，便来到了城北仪门，在这里他看到了两个大铁锚，锚身埋在土中，仅露出碗口粗的一爪。铁锚不是船上用的吗，怎么会埋在这里？他不明白是为什么，便问了附近的一个和尚。和尚告诉他，这是为了镇水用的，像这样大的铁锚在另一边还有两个。因为这一带常发洪水，江阴县城就像是一艘停在江边的大船，时时有被洪水冲走的危险，有这4只大铁锚镇住，便安全了。霞客觉得真是荒唐，每次发洪水，遭殃的只不过是老百姓的庄稼和破旧的房屋，县城怎么会被冲走呢？这分明反映了县官大老爷们的自私，他们根本不管老百姓的死活，只顾用这样一种迷信的方式来保护自己的安全。

出了仪门，霞客登上了君山。这君山虽不算高，但南起平地北临长江，还是显得颇有气势。霞客站在望江楼上，第一次看到这波涛滚滚，气势恢弘的长江，心情激动不已，顿觉心旷神怡。沿长江南岸有数峰逶迤，江面因山势而变。在鹅鼻山下，由于山体突入江中，江面变窄形成隘口，江阴就位于这要冲地带，怪不得这历来是兵家争夺的要地呢。过了鹅鼻山，长江像一个张开的喇叭口，变得宽阔无比，烟波浩渺，向东漫延无际。霞客明白，这是向东海而去。但不知它的源头在哪里，想必一定会是很远很远吧？霞客沿江向西翻了一山又一山，他真想去探个究竟呢，可是明天就要参加考试了。

县试是要连考几场的，霞客考完第一场后，看到榜上有自己的名字，又考了第二场。在第二场考试后的公榜上，霞客名落孙山了。他并不难过，而是很平静地回到了家中，把结果如实告诉了父母。

"你真的不想再考了？"父亲问他。

"不想，这样考下去不知何时是个尽头呢，我不想泡下去。"霞客态度很坚决。

"那你打算怎么办？"父亲又问。

"我想自己先看些书。"霞客觉得自己的知识还很贫乏，对未来的打算还不敢贸然决断，但自己想看哪些方面的书还是明确的。对于这一点，其实他父亲也心中有数。他母亲偷偷找书给他看，父亲心里也是明白的，只是不愿意点破罢了，因为他并不是恪守传统的父亲，不愿意用自己的思想去压制孩儿的天性。对于霞客今天的选择，他也没有多说什么，而是露出一脸苦笑的同时在心里说："看来这孩儿又要继承我的志向了。"稍过片刻，他又平静地说道："我这书房就归你了，这儿的书也都是你的，你就自己挑着看吧。"

霞客觉察到了父亲的伤心，心里也有说不出的难受，但听到父亲这样说，还是控制不住内心的兴奋。自此以后，他天天躲在书房里，如饥似渴地饱览各种各样他想看的书。他看了《禹贡》《水经注》《五藏山经》等历代地理名著，还看了多种地方志和历代名人诗赋、游记等书。很快他对各地的地理、文物、历史都能说出一个道道，在与别人的对话中，没有人能够难得倒他。他知识的渊博令所有接触过他的人惊讶，并获得了"博雅君子"的雅号。

霞客的父亲也为霞客的成就感到欣慰。但他又认为让霞客这样独自看书终难成气候，须得有名师指点才好。听说好友缪昌期在家乡开馆，教诸子读书，便决定把霞客送到他的门下。

缪昌期是江浙一带有名的举人，是所谓的东林党的重要成员。那东林党人，就是指以江苏无锡东林书院为主要讲学地的一批进步知识分子和支持他们的一些官吏。他们反对宦官贵戚专权，主张比较务实的政治。缪昌期的儿子虚白、纯白曾与霞客同窗，他从儿子那里听说了霞客思想和行为的奇特，因而霞客一进门，他便开门见山地问道：

"弘祖，恐怕你来此不是为学写八股文的吧？"

"先生，我看八股文就头痛。"霞客如实说。

"那学写游记怎样？"

"学写游记？那好啊！"霞客虽也早从虚白、纯白和父亲那儿听说了缪先生的为人，但没想到他竟会如此开明。他迫于父亲的压力又一次进学堂的那种忐忑不安的心情，一下子烟消云散了。

缪昌期学识渊博，见多识广，政治思想开明，文辞优美。他指导霞客看一些历代有名的游记，并把在各地的见闻生动地描述给霞客听。虚白、纯白尽管和霞客不同，但也给他很大帮助。在功课之余，他们陪霞客到附近游历，并一同推敲写游记，这使霞客进步很快。尤其是一年后，巨大的不幸降落到霞客家里，父亲徐有勉再一次遭到强盗袭击受伤而死，霞客不得不回家守孝，在守孝3年期间，缪昌期父子仍帮助和关心霞客，用书信传递的方式帮助他改游记，这使霞客感激不已。霞客的聪明、勤奋和鲜明刚直的个性，也令缪昌期父子大为欣赏。这使霞客与虚白、纯白之间建立了深厚的友谊，也使霞客与缪昌期成为忘年之交。

初上旅途

在3年守孝期间，霞客又看了大量书籍，几乎把父亲收藏的有关地理、历史方面的书看了个遍。书看多了，他发现，有些时代不同的书大同小异，显然是相沿抄袭而成。而有些书对同一事物的描述竟大相径庭，弄不清哪儿是真哪儿是假。还有些书对一些事物的描写过分夸张，名不符实，如《郡国志》上说太湖林屋山上的林屋洞，东通王屋，西达峨嵋，南接罗浮，北连岱岳，就是难以令人置信的。这说明书本上的知识，有很多都是不可信的，要想获得有关各地的真实知识，就必须到实地去考察。在这段时期，他的游记写作也大有长进，虚白、纯白把他写得好的游记传播开去，使他在当地已小有名气。然而他的足迹仅局限于家乡附近一些小地方，要想写出更多更好的游记，就必须走到更远更广阔的天地中去。

1607年，霞客已长成了一个英姿勃发的男子汉了，身材修长，略显清瘦的脸上颧骨微突，一双眼睛炯炯有神。他觉得浑身有使不完的劲，他觉得内心里时时有一团燃烧着的火焰要促使他走向外面的世界。他的羽毛已经丰满了，应该是到广阔大自然中去搏击的时候了！

　　然而，家庭的现状又不得不使他陷入了苦闷中。父亲去世后，兄弟分了家，霞客同母亲一起生活。母亲忙里忙外照顾了他几年，为他成了亲。而今母亲已是头发斑白、年近60岁的老人了。正是该安静下来享孩儿的清福的时候了，他怎忍心别家远游呢？再说媳妇刚过门不久，生活还不习惯，若出门，家里就剩下一老一少婆媳俩了，能放心得下吗？当然，他知道，只要他说了，母亲定会支持他的，但他实在不忍心开这个口，可不开这个口心里又憋得难受。这使霞客常常托着一个磁盘在手里发呆，有时发出一两声叹息。这磁盘是他从风水先生那儿买来的，是准备用来在外面测方位的。

　　刚过门的媳妇许氏对霞客的行为捉摸不透，还以为他是不喜欢自己呢，跪到婆婆那儿去哭鼻子。然而，细心的母亲却一下子洞察了孩儿的心思。一天，母亲把霞客叫到跟前，问道：

　　"弘祖，想出远门了不是？"

　　"不，妈妈，古人云'父母在，不远游'。您已操劳半辈子了，应该歇歇了。"

"傻孩子，古人说'父母在，不远游'，可又说'游必有方'嘛，就是说选择方位而游，测定日期而归，不要让父母挂念就是了。我如今虽然年岁不小了，可我还健康着呢，里外都能动，歇不住的。再说，男儿大了，就应该志在四方，做一番事业，怎能为了老母而羁留家中，就像那困在笼中的小鸟，套在车辕下的小马？"

"妈妈，您真是我的好妈妈！"听母亲一席话，霞客堵塞的心田一下豁然了，抑郁的心情一扫而光。兴奋之下，禁不住双膝跪地，向母亲行了个大礼。

"好了，好了，傻孩子。我知道你从小就喜欢山水，把你留在家里非把你憋死不可。现在也该是出去的时候了，人生短着呢。不过，每次出去都得做个计划，把计划告诉我，也要跟媳妇商量好。"

"是的，妈妈，我今晚就会制订出一个计划。"

晚上，霞客真的趴在灯光下，认认真真地制订他的第一个旅行计划，翻地图，算里程，估时间，比较来比较去，确定了他的第一个目的地为不太远的太湖，时间为半个月。

霞客的母亲也在灯光下忙着呢，她在为霞客缝制一顶旅游帽。古代的旅行家严夫子、谢公等据说都有旅游帽，霞客当然也得有。从感情上说，有哪个母亲不希望儿子待在身边的？而今儿子要出远门了，以后还经常要出远门的，他不能待在母亲身边时，就让这顶帽子陪伴他吧，权当母亲一直在孩儿身边。母亲一针一线密密地缝，把温暖和希望也一齐织入帽中，希望它能为孩儿壮行色，御风寒，保佑孩儿平安而回！希望孩儿能如愿以偿，游遍三山五岳，留下好文章！

这年春天，霞客戴着母亲缝制的旅游帽，踏上了去太湖的旅途，也开始了他一生的旅游生涯。

霞客沿运河南下到高桥，再由高桥到无锡，然后由漂溪入太湖，直奔太湖中的林屋山。因为他首先要探个究竟的就是那神奇的林屋洞。探洞的结果，当然证实了他的猜测，作为一个山洞，绝不可能是北通泰山、南通罗浮山那么远的。在这里，他听向导说了个神奇的故事。说春秋时候，吴王阖闾听说大禹治水时用过的秦书就放在这洞中，便派灵威丈人到里面去探寻。可是灵威丈人打着火把，在里面走啊走啊，左转转右转转，走了整整72个昼夜才找到。可吴王拿到这书打开一看，竟全是白纸，一个字也没有，原来是"石函文"呢。听了这个故事，霞客想，由此走72个昼夜，那不就可以北到泰山、南至罗浮，甚至是西至峨嵋了吗。啊，原来一些志书上不切实际的描述肯定跟传说有关。霞客心头掠过一丝兴奋，他似乎初步领悟到了旅游的真正意义了。

出了林屋洞，霞客登上了林屋山的最高峰缥缈峰。这里位于太湖中央，又是最高处，由此环顾四周，可穷太湖三万六千顷碧波之奇，尽七十二峰秀色之丽。他极目远眺，唯见碧波连青黛，白云伴水鸥，顿生一种离尘世相去甚远的感觉，心情舒畅无比。在陶醉于自然美景之余，霞客没有忘了拿出磁盘测方位，仔细观察太湖地区山的走势，水的来龙去脉，并一一在地图上核对。发现地图上所标有些地方与实际相差很大，便当即将它修正。

霞客还游览了莫厘山，探了张公洞和盖卷洞。半个月后，霞客如期而返。他带回了太湖的特产献给母亲，也带回了许多见闻，一家人高兴不已。

有了这一次尝试，两年之后，即1609年春，霞客又踏上了北去的旅途，他要漫游古齐、鲁、燕、冀之地，即当时的山东、京师地区。这里是我国古代文化昌盛之地，也是当时的政治文化中心地区。主要目标是五岳之首的泰山和京城北京。

霞客沿运河北上，由徐州进入齐鲁大地。在曲阜、邹县一带，霞客怀着十分崇敬的心情拜谒了我国古代伟大的教育家、思想家孔子和孟子的故乡。尽管他在私塾时讨厌读孔孟的经书，但他认为他们能超然物外，为认定的事业而奋斗终生的精神还是大可值得称道的。还有孟母，为了孩儿的健康成长与成才，丝毫不顾自身生活的难易，曾三次搬家择邻居，甚至断机杼，那不也显现了一个伟大母亲的崇高品性与远大胸怀吗！站在孟母墓前，霞客不由得想起了自己的母亲，勤劳的母亲不也像孟母那样期待着孩儿吗，孩儿也定要像孟子那样做出一番事业才对！

拜谒完古圣人，霞客直奔泰州泰山脚下，开始履行他攀登五岳的誓言。

　　泰山，又称"岱山"或"岱宗"，为五岳中的东岳。论绝对高度，泰山并不比西岳华山、北岳恒山高，但古人认为东方是太阳升起、万物交替始发的吉祥之地，故位于东方的泰山也就有了"五岳之长"、"五岳独尊"的美誉。古代帝王在登基之初或太平盛世多到泰山来举行封禅大典，并以此为最大盛事，最大荣耀。历代名君如秦始皇、汉武帝、汉光武帝、唐高祖、唐玄宗、宋真宗等，都曾登临泰山大祭天地。历代文人墨客也多喜欢登泰山以叙志抒怀，这就使泰山具有了独特地位。这里有着许多的人文景观，尤其是留下了历朝名人的书法艺术，堪称为中国古代书法艺术的立体博物馆。

　　在泰山脚下的岱庙，霞客就看到了数以百计的各朝石刻和碑文，历代书法大师的手笔让他流连忘返。其中秦汉的一些真迹他还是第一次看到，尤其是李斯的小篆艺术，他认为堪称一绝。

　　出了岱庙，霞客由岱宗坊上山，经红门宫、斗母宫到了经石峪。霞客看到一个大石坪，约有一亩田那么大，上面刻满了大字。霞客细看，刻的是《金刚般罗密经》，是北齐大书法家王之椿的手笔。每字有一尺见方，篆隶兼备，书法遒劲，怪不得被历代奉为"大字鼻祖"、"榜书之宗"呢。可惜的是已有许多字遭到毁坏，模糊不清。

霞客继续往上，经中天门、南天门来到了天街，在这1 300多米的高山上竟有一片开阔平地，住了100来户人家，霞客觉得很是新奇，真是世外桃源，天上人家呀。过天街有碧霞祠，碧霞祠东北是大观峰。这里有一巨大石崖，石崖上遍布石刻，洋洋大观，留下了历代书法大师的手迹，大观峰也即由此而得名，其中以唐玄宗的《记泰山铭碑》最为显眼，削壁为碑，高4丈，宽1丈5尺，字大半尺，顶额字大1尺9寸，字体俊逸雄浑，独具风韵。

霞客在大观峰下抄了半天碑文，然后登上了泰山极顶——玉皇顶，因这里建有玉皇殿而得名。这里是帝王及文人墨客祭玉皇大帝的地方。霞客当然不是来拜祭玉皇大帝的，他是个无神论者，他认为所谓的天帝、山神、妖魔鬼怪等不能证实的东西都只不过是人们编造出来的。因而他并没有跪进玉皇殿去毕恭毕敬地烧香，而是站在极顶石上尽情地领略这大自然的神奇。他极目四顾，但见四周群山低俯，白云悠悠飘然身前身后，远处则空濛无际，大有置身世界极顶与天近之感，心胸畅快无比，杜甫的《望岳》诗不觉随口诵出，"岱宗夫如何，齐鲁青未了……会当凌绝顶，一览众山小。"

下了泰山，霞客又兴致勃发地游览了泉水之都济南和京城北京。在北京，霞客领略了种种热闹的街景，有香气扑鼻、集酸甜咸辣各种风味的小吃街；有琳琅满目、集东西南北货的大集市；有南腔北调、五花八门的各种曲艺表演等。他觉得这京师真是百货汇聚之所、人才荟萃之地啊！但霞客也见到了种种不愉快的场面，时不时遇到高唱"回避"的车人，行人见此都像老鼠见猫似的闪躲两旁；时不时地看到官差气势汹汹抓人的场面；还看到过官吏被杀头抄家的布告等。这使他想起了缪昌期先生对他谈到过的官场种种钩心斗角的事情，这京师也是是非之地啊！

问奇于名山大川

登天台　攀雁荡

经过几次远游，霞客增长了见识，丰富了知识，也渐渐有了好游的名声。然而，回到家里整理旅途日记时，他又总觉得自己的旅游尚没有走出一般游人的窠臼，凡所见所历，也都是别人所见所历，没有超出他人之处。没有新发现的旅游也就没有意义，写出的游记也不会有新鲜感，或许正因如此，他初期的旅游没有留下游记。经过一番思索和总结，他决定不再循常人之道而游，而是要独辟蹊径，"问奇于名山大川"。1613年春，抱定这样一种想法他又踏上了旅途，要探奇于浙东名山天台山和雁荡山。

天台山和雁荡山，分别位于浙东天台县和乐清县境内。两山首尾相接，蜿蜒绵亘于东海之滨，气势雄伟，兼备山海之胜。尤其是雁荡山，据地质学家考察，这里在遥远的地质年代曾是火山活动非常活跃的地区，地下溢出的熔岩铸成了山冈峰峦的肌体，而后由于地壳运动，山体沉没于大海，海浪像一位雕塑大师，对它进行了精深细致的艺术加工。再因地壳运动，后来山体重又升出海面，大自然的风风雨雨，特别是第四纪冰川活动的侵蚀，又进一步塑造了山体的外观。因此，雁荡山具有奇谲善变的怪石，鬼斧神工的奇峰，千姿百态的洞窟，以及绮丽壮观的瀑布和神秘莫测的山顶湖沼，自古以来便享有"东南第一山"的美誉。

这两山又都是佛教圣地。天台山是我国佛教天台宗的发祥地，山中名寺国清寺，历史悠久，规模宏伟，在佛教界享有很高声誉。雁荡山则在北宋时期广兴寺院，据雁山志书所载，计有10院、18刹、16亭，后历代又有增修，香火极盛。众多的寺院庵亭点缀于峰峦之间，使这两山更加引人入胜。

江阴迎福寺的法师莲舟上人与霞客结伴同行。他们由水路经杭州到绍兴，再经宁波到宁海。一路上，他们观看了神奇壮观的钱塘江潮，游览了风景清幽的绍兴东湖，领略了普陀洛迦山"海天佛国"的超然意境，游兴渐浓。3月30日，沐浴着明媚春光，他们又出宁海西门意气风发地向天台山进发。

每到一地，霞客都要仔细打听路线，然后选择小路、近路而行。来到天台山脚下，霞客照样向山民问明路线，然后叫两位随行仆人挑了行李走大道上国清寺等候，自己则同莲舟上人由小道先攀天台山最高峰华顶。他们沿怪石乱置的山脊艰难地向上攀登，一条小路时隐时现于荆棘之中，或荒山冈上。莲舟上人大为不解，便问霞客，为什么老放着平坦的大道不走，偏偏走这人迹罕至的小路呢？霞客则微笑着回答说："平坦大道无险境，无路山川更出奇啊！我们出来，不就是为了寻奇探胜吗？"这实是霞客初期旅游经验的总结。

经过两天翻山越岭，他们登上了高达1 138米的华顶顶峰。来到峰顶，霞客发现这里的植物与山下大不相同，山下有低矮的松林和盛开的杜鹃花，而这里只有凄凄荒草，且草不盈寸，草上结满白霜。霞客看附近山头，也是珍珑俊俏冰花玉树般的世界，霞客第一次看到盛春江南还有这一片冬天景象，很是惊奇。他想，这大概是山高寒冷所致吧。这华顶又名望海尖，因站立峰顶可远眺东海。霞客极目东眺，但见山外海天一色，浑然无际，与站在海边观海大不相同，有可望而不可即似仙界之感。

下了华顶，霞客与莲舟上人又登上了昙花亭，游览亭外的石梁飞瀑。这里两山对峙，山腰间有一块天然巨石，如同横空突出的屋梁，架于两山之间。梁下有飞瀑下坠，直捣深谷，声音轰然如雷。霞客为这飞瀑喷雪的景致所吸引，从各个角度观看了瀑布的雄姿，又冒险蹑足于宽仅尺余的石梁上面，俯瞰瀑布泻入深谷的壮观场面。在旁的莲舟上人看到这，也不禁毛骨悚然，忙呼他快下来。

看完石梁飞瀑，霞客与莲舟上人来到了国清寺。这国清寺据志书记载，是隋文帝开皇十八年（598）由智𫖮和尚修建。据传智𫖮在这深山里修禅，一天梦中有人告诉他：你在这里修座寺庙，国家就会清平了。大业中这个寺修成，即名国清寺。后经历代兴修，发展成为了拥有600余间屋宇的大型寺院，香火之盛享誉四海。虔诚的莲舟上人在大佛像前一一烧香拜过，霞客跟随其后，领略这净土风貌，也不觉染上了层佛意。

离开天台山，霞客一行又马不停蹄地来到了雁荡山区。这雁荡山的山体由火山喷出岩构成，经水流侵蚀多呈奇峰怪石，有的如同并列的竹笋，有的像挺立的灵芝，有的像直立的笔尖，还有的像拱手迎客的老僧，各显千姿百态，奇景迭出，使霞客他们目不暇接，仿佛置身于奇乡异境。

在灵岩寺住过一宿，霞客他们来到大剪刀峰下，这剪刀峰很有趣，霞客初看，峰顶分开形似剪，稍转一角度看，又像站着对话的夫妻俩，所以又叫夫妻峰；再转一角度看，两峰相连像一张船帆，故又名一帆峰。同一个山峰出现3种不同形态，且每一形态都酷似人间一情景，真是妙啊。此外，还有含珠峰、美女梳妆峰、老狮披衣峰等，各个都形态毕肖，栩栩如生，令霞客、莲舟上人赞不绝口。

最使霞客兴奋的是大龙湫瀑布，这里巨峰环抱，陡壁千仞。特别是挂瀑布的一面，悬崖微凹，寸草不生，石色深紫，衬托着白练般的水流，流霞映彩。水从57丈高的悬崖上腾空而下，在悬崖的一半处分为几条细柱，迸发出颗颗水珠，接近潭面时，则如大雨倾盆，哗哗响不停。这是霞客所见过的最高大的瀑布，实际上也是我国落差最大的瀑布。飞流喷雪的壮美，四周景色的秀美，使霞客流连忘返，不舍离去。

霞客与莲舟上人坐在一块岩石上，一边休息，一边欣赏着大自然的美景。忽而，霞客想起《大明一统志》上说，雁荡在山顶，龙湫之水就是从雁荡而来。这雁荡，即雁荡山顶之湖，据说雁荡山之名就来源于这湖名。这山顶之湖，自然风景不俗，何不前去看看呢？于是霞客又萌生了登雁荡山顶、探山顶之湖的强烈意愿。

天下起了雨，山雾蒙蒙，但霞客不为雨阻，冒雨至常云峰，由山腰上的道松洞外，攀悬崖绝壁至云静庵投宿，等借问去雁湖的路。云静庵道人清隐知道雁湖情况，说雁湖早已长满了草，成了一片荒田。但清隐已是卧床数十年的瘫痪病人，不能带路。清隐的徒弟说可送他们至峰顶。霞客以为既然送至峰顶，雁湖自然不难找到，而不曾想他说的峰顶仅是指本庵所在的峰顶，而不是雁湖所在的山顶。

第二天一早，霞客同莲舟上人跟随向导，一步一喘攀缘在又深又密的草丛中，登上山巅之时，但见白云迷漫，周围群峰像一个个岛屿一样漂浮在云海之上。这时向导才告诉霞客，雁湖还在西面的山峰上，从这里去还要翻过3座山峰。

向导离去后，霞客按照向导提供的方位，向西越过了两座山峰，可他发现山势已渐渐降低，且与大龙湫已隔了两个山谷。霞客对向导的话产生了怀疑。他想，既然志书上说，大龙湫之水来源于雁湖，而大龙湫源自东部的高峰，雁湖也应该在东边地势高峻的山峰才对，不应该朝西边去寻找。于是，他不改变方向沿旧路向东。莲舟上人不堪累独自下山去了。霞客同仆人仍按他的设想向东攀去，越过了两座山峰，走到了荒无人烟的地方。这时候，山势越来越险，山脊像刀背一般陡立峻峭，岩石尖厉突兀，行走其间，如同在剑缝隙间穿行，每前进一步都十分艰难。霞客主仆又向东翻过了3座山峰，山脊峰巅越来越陡峭，几乎没有容足的地方。霞客又想，像这样的地方怎么会容得下一个湖呢？他开始怀疑书上的说法是不是错了，为此他更加想探个究竟。

霞客和两个仆人走得疲惫不堪，来到一座高峰尽头，前面没了去路，脚下是悬崖峭壁。他们前进不得，后退亦难，且不甘心就此止步。霞客想设法从绝壁上下去，看能否找到一条路。他发现南面石壁上有一块突出的石头，便将三人的裹足布接起来当做绳索，自己和一个仆人攀坠下去探路。可下到石头上一看，情况很不妙，这里仅能容足，且下面是百丈悬崖，无路可寻。于是只得攀布带上返。当霞客爬到半空时，不料布带因被突出的岩石摩擦欲断，幸好上面的仆人及时发现，惊叫了起来："老爷，不好，布带要断了！"

霞客在下面仆人的托接下悠悠下坠，回到石头上。待上面的仆人把布带接好，霞客和下面的仆人又重新上爬。回到原地，主仆三人都不免惊出了一身汗。看看实在没别的路好走，只好沿旧路返回。霞客主仆经过整整一天的跋涉，衣服鞋子都破了，人也累得精疲力竭，寻雁湖的兴致一时已提不起来了。第二天，霞客便带着一个大大的遗憾离开了雁荡山。

但霞客并没有就此罢休，他越来越怀疑雁湖与大龙湫的关系，19年后，即1632年，霞客又曾专程两游雁荡山，重游天台山。这一回，他找到了山面之湖，原来山顶之湖在雁湖岗，原是火山喷出口，后积水成湖，结草成荡，秋雁常来栖宿，故称雁荡。霞客发现，雁湖之水无论是向南流还是向北流，都只能成为其他溪流的源头，唯独与大龙湫风马牛不相及。从而推翻了《大明一流志》上所载大龙湫来源于雁湖的说法。

那么大龙湫之水，又是从何而来呢？霞客还仔细考察了大龙湫的水源。霞客从连云嶂左边上攀，经道松洞，直攀常云峰，发现绝顶南面和常云峰以北夹峙的山涧，即是龙湫的源头。并顺此涧上溯至绝顶南面的山脊，察明此涧接纳的是常云峰和观音岩的水。至此，霞客彻底解开了近20年存于心中的疑窦，满意地告别了雁荡山。

黄山踏雪　武夷寻幽

游罢雁荡山，霞客风尘仆仆地回到家里。刚一进门，母亲便告诉他一个振奋人心的消息，他的恩师和挚友缪昌期终于高中进士了。这使他旅途的不悦荡然无存。霞客看不起一生死求功名的人，但像缪先生这样开明豁达之人，他还是希望他能如愿以偿，进入政界，一展自己的宏愿。受恩师的这一鼓舞，第二年冬天，霞客去游览了明王朝的又一个政治中心——南直隶府南京，领略了钟山龙盘虎踞之势。爬完钟山回家不久，他的大儿子面世了，因自己酷爱山，便欣然给儿子取名为"屺"。

1616年春节，屺过周岁生日，亲朋好友都来庆贺，叔岳许浔阳也来了。浔阳也是个好游山水之人，同霞客谈到旅游一事，两人一拍即合，决定一同去游览黄山、武夷山等安徽、福建的名山胜水。

喜庆的日子一过，他们便上路了。正月二十六，他们来到了安徽休宁县的白岳山下。这年初春，天气寒冷异常，江淮一带连降大雪，白岳山也整个地被冰雪所覆盖，满山满坡都是晶莹剔透的冰花玉树，大风吹过，林木间传出一片叮叮当当的冰块碰击声。霞客第一次看到如此之大的一座大冰山展现在自己的面前，不觉兴奋异常。他甩开膀子，冒雪踏雪而登，竟不觉越走越快，以至把叔岳和随行仆人远远地丢在了后面。待他在山中榔梅庵休息了一个晚上，他们才赶到。

大雪天游山，真是别有情趣，到处是溜珠壁挂，冰峰玉柱。有的溜珠自悬崖上垂下，竟长达丈余，如怪兽的巨牙。有的冰挂连片，内中若隐若藏，似仙门之水晶珠帘。在石桥岩，霞客更见一处空灵之境，有一座山横跨而中空，山下空穿处形如半月，山石裸露呈紫色，又似飞虹一般。拱处正对隔山突出的一峰，周围有众峰环峙，大有众星捧月之趣。这就是有名的石桥胜景，诸峰均银装素裹，使这里更有灵幻之气。

下了白岳山，霞客一行又顺着山麓向西，踏着雪来到了歙县黄山。这黄山，可比白岳山高多了，主峰海拔都在1 800米以上，山上气温比山下要低十六七摄氏度。自然这里的雪下得更早，下得时间也更长，当霞客他们来到这里时，大雪封山已两个多月了。得知他们是来游山的，山下的几个和尚忙劝阻说：

"相公，这山爬不得，上山的路都被大雪埋没了，有的地方雪深齐腰呢。山顶诸寺院都被大雪封堵两个多月了，粮食都送不上去，今天派出去的人只走到半山就回来了。我看你们还是改日再来吧。"

那怎么行呢？这黄山可是了不得的，虽未被列入五岳，名气却不在五岳之下。到过的人们都赞它具有泰山之势，拥有华山之险，兼备衡山的虚幻、庐山的秀美，真可谓总揽众山之奇。有天都、莲花等大小七十二峰，峰峰见奇，尤其以奇松、怪石、云海、温泉称绝于天下。如此美景荟萃之地岂能擦肩而过？何况这大雪的景致又是多么的难得啊！

霞客一行先游览了山下的一些地方，在温泉里痛痛快快地洗了个澡，荡涤了一路奔波的劳累。2月6日，霞客找到一山民为向导，他们每人备了根竹杖，要踏雪登黄山了。

过了慈光寺，他们从左侧往上爬。这里山道两旁被石峰环夹，石级被积雪填平，看上去已不是路，而是一条凝固的白色小溪，或像是一块巨大的白玉。他们从上面走过，发出嚓嚓的响声，即出了长长一串脚印，回头望时，不觉有种开拓者的兴奋。

往上走了几里，山势越来越陡，积雪越来越深，路越来越险。他们身上渐渐地冒出了汗，心情也变得紧张起来。尤其是到背阳处，因冻雪成冰，路面坚滑站不住脚，人们都渐渐停了下来，向导也踯躅不前了。这时霞客却拄杖到了最前面，他用杖凿冰，凿得一小窝先置一脚，再凿得一小窝又移后脚而上，开凿出一条路来。后面的人也都跟着学他，一级一级地慢慢而上。就这样艰难而行，他们终于来到了莲花、云门诸峰下。

站在平冈上，霞客放眼四望，但见莲花、云门诸峰争奇竞秀，拱卫着天都峰。在悬崖峭壁上，则到处都是怪松悬结，高的不足一丈，短的只有几寸，平顶短鬣，盘根虬干，且越短越老，越小越奇，树枝斜拖曲结比树干长，树根上下穿石透迤数丈比树枝长。"奇！奇！真是奇呀！想不到奇山中又有如此奇物！"霞客抚杖赞叹不已。

他们一边欣赏着怪松，一边继续上攀。循莲花峰往北，翻越了几个山岭，来到了天门。这里两巨石相夹，仅露一线，他们从中缓缓穿过，摩肩擦背，有巨石挤压之感，令人毛骨悚然。过了天门，有一大山谷，云雾浓罩时似大海，故叫前海。再上一峰到平天矼，矼上面是光明顶，由矼而下是后海。这里有一大平台，霞客他们便坐在平台上休息，拿出干粮就雪用起餐来。可正当他们享受着"美食"时，忽儿风起云涌，云雾很快填满了山谷，一眨眼工夫，他们便置身于云海之上、云海之中了。云雾上下翻腾似海上的波涛，波涛涌至，下面的世界尽没，云海之上只剩下几个峰尖像孤岛，又像飘动的大船。见此情景，他们都不禁丢下食物站起来，一个个又喊又叫，"哈哈，我们成仙了，成了云游的神仙了！"

下了平台，霞客一行又游了狮子林、松谷庵等地，后经飞来峰由原路下山。

这大雪天登山，有独特的情致意境，但也有遗憾，还是有许多地方去不了，也有些景观被大雪掩盖了真形。不过，两年以后，霞客又曾再游黄山，登上了天都峰、莲花峰等诸峰，把大雪天没法去的地方，没法看真切的地方，统统看了个够。想去的地方就一定要去，想看的东西就一定要看到，这就是霞客的性格。通过两游黄山，他无限感慨地写道："薄海内外，无如徽之黄山，登黄山天下无山，观止矣。"

出了黄山，霞客一行径直南下，过江西境直奔福建崇安县的武夷山。

这武夷山的景致可和黄山大不一样。黄山山体是由黑色花岗岩构成，石黑山高雪白。而这里却是一片丹霞地貌，山体是由红色砂砾岩构成，且三十六峰峰峰环水，水绕山转，石红山清水秀，把他们完全带进了另外一个世界。

2月21日，霞客和叔岳及仆人在幔亭峰下登上了一条竹筏，溯九曲溪而上。因这溪流穿行山中宛转九曲，故而名九曲溪。这武夷山的风景就尽在这九曲溪两边。

霞客一行先溯流至第六曲，然后舍筏登陆，进入云窝。这里山环苍翠，云雾四生，近处如丝如缕，远处如烟如纱，上看则排云穿石，变幻无常，仿如置身仙界。霞客想，大概传说中的武夷君就是由此下凡的吧。据说在很早以前，神界武夷君察视人间，见此山风景殊异，便忍不住下凡留驻，故此山被命名为武夷山。

绕过接笋峰，他们来到了茶洞。这茶洞并非真有洞，乃是只有一石洞门，因这里翠峰环绕，中间有几亩平地，产茶味甘清香而得名。霞客从岩石一裂隙中攀援而上，要登隐屏峰，攀至绝壁处，悬大木为梯，贴壁直竖云间，梯有3架，共81级。梯尽，又有铁索横系山腰，岩上凿坎以落脚。霞客攀索转过山峰向西，穿一夹壁，遇壁中有冈阻路，又凿磴以登，终于到达了大隐屏峰顶。顶上有亭有竹，四面皆是悬崖峭壁，凭空下眺，犹如置身天上人间。待悬梯而下回到茶洞，仰望刚才所到之处，高远险峻如在云天。

霞客同叔岳沿茶洞隘口北崖而上，又登上了天游峰。在峰顶有一览亭，霞客站立亭上向九曲下游方向极目远眺，但见半轮红日西垂，远近峰峦青紫万状，九曲环碧萦回如带，各处山水之胜一览而收。霞客感慨赞道："此峰不临溪，却能尽九曲之胜，理当为武夷第一峰！"

第二天，霞客一行游览了七曲之小桃源，八曲之三教峰等名胜，又来到了九曲之灵峰。登上峰顶，来到九曲尽头，这里重岩回叠，境幽气爽。霞客见岩北尽头又有一奇岩，上下均为绝壁，唯壁中间有一线横坳。霞客又要沿坳攀行而过，去看看奇岩那边的风景，叔岳和仆人都惧怕不敢过，于是他便一人沿坳前行。一开始，霞客尚可伛偻而进，可越向前坳越低，坳面也越窄，外面的峭壁也越险峻可怕。随后便只能跪膝爬行了。尤其是到了坳转弯处，上下高仅7寸，宽只有5寸，坳外则是绝壁万仞，他又只好改膝行为匍匐而蛇行了，胸背均与石崖相摩擦，如此扭曲良久，方闯过险境。出险之后，但见奇岩轩敞层叠，气势雄伟，又是另一重天地。霞客独自欣赏了一会儿重又循坳返回。

这一去一返，在霞客似乎并不觉得什么，可在旁的叔岳和仆人却紧张死了。他们两眼一直紧紧盯着在绝壁坳中爬动的霞客，嘴里不停地喊着"小心"。到危险处，看到霞客的半边身子都悬在崖上，心更是都提到了嗓子眼上。这时看到霞客安全回来了，又由惊而喜，由喜而叹，"真是奇人哪！"

"奇人"后来成为人们对霞客的普遍赞誉，意为非常人。在这世上，攀悬崖以寻雁湖，凿冰以登黄山；冒险过绝壁探奇岩……如此舍身以探大自然的人，除了霞客还能有几人？

嵩山问奇　华山探险

霞客很早就有一个大的构想，要经湖北入陕西，登西岳华山，再由剑门关过连云栈入四川，登峨眉山，然后考察长江顺流而返。但总因有种种顾虑未能成行。自武夷归来后，霞客又先后游了宜兴的善卷、张公诸洞、安徽九华山、江西庐山、福建仙游之九鲤湖等名胜。至此，附近的地方都已游得差不多了，加上年纪也渐渐大了，便日增西去的愿望。1623年春，母亲大病痊愈，经过两年家居的霞客终于下决心踏上了西去的旅途，但因不忍心久别年迈的老母，他还是不得不大大改变了原计划，改为绕一个不太大的圈游嵩山、华山和太和山。

这年2月1日，阳光和煦，霞客领了仆人出发了。他们由陆路北上直驱徐州，然后向西进入河南，经开封府直赴登封县嵩山。

过了开封，霞客所见一路都是尘土飞扬的黄土，平衍广漠，这就是古称为"陆海"的中州大地，水和石都难得一见。到了嵩山附近，才看到蜿蜒起伏的山峰，以及回旋盘伏于土碛中的水流。只有到了中岳脚下的石淙，方又看到了南国熟悉的一派水石交融的景象，但在这里所见，则感格外的清新悦目。水从嵩山东谷流下来，一路陂陀屈曲，到石淙时，忽逢怒石挡道，水冲石而行，变化万端。环水之石则被水冲洗得形态各异，有的如鹄立，有的如雁飞，有的如犀牛饮水，有的如睡卧之虎。霞客跳于石上，洗去满脸的灰尘，欣赏这水石之趣，不禁游兴骤起，完全忘却了20余天旅途奔波的劳累，于当天下午便开始登山了。

这嵩山，是五岳中位居最中者，又称中岳。它东西绵亘60余里，横卧突起于莽莽苍苍的中州大地上，北揽河、洛，东近古都开封，西迫古都洛阳，地势险要，气象雄浑，历来被统治者、宗教人士和文化墨客所看重，因而留下了众多的人文古迹，著名的有历史悠久的道观中岳庙，规模宏伟的佛教寺院少林寺，古朴典雅的儒家理学基地嵩阳书院等等，不胜枚举。霞客对这些当然不会放过，须一一仔细领略，但他游山的主要目的是来领略自然风光的，他最想见到的是大自然的奇异景象。

然而，关于嵩山，游过的人多认为"嵩山无奇"，山势平缓，没有很突出的奇峰。对于这一说法，霞客很不以为然，他想那是因为人们偏爱走大路的缘故吧，如独辟蹊径，便必定会有奇了。

在中岳庙住过一宿，第二天一早，霞客便寻来了一个樵夫为向导，要他带着从小路去登东部太室山的绝顶。他们从金峰玉女沟出发，没着北面的土山上一条窄得像线一样的小径上攀。因山陡地滑，霞客须手脚并用，抓住一切可以攀援的东西向上爬。如此走了约20里，越过了黄盖峰，然后向西沿狭背行走。这日是个阴天，且天气越来越黑，当走到这山峦狭背处时，浓云如泼墨，好像时时要大雨倾盆的样子。但霞客丝毫没有退意，而是一个劲地往前行，好在雨也并没有真的下来。时而浓云稍开，露出一片亮光，霞客则趁机下瞰，见绝壁重崖，如列绡削玉。时而浓云重合，云雾山色浑然一体，则人如行于大海之中，茫然难辨。

过天门峰，来到登高岩，要从岩崖中通过。这岩崖幽深而不畅，根据霞客多次游历的经验，这种地方往往会有胜景。他站于崖口仔细察看情形，但见岩崖上倚层崖，下临深壑，洞门重峦拱卫，左右台嶂环倚，确也别有洞天。霞客初入岩中，看到崖洞又深又大，洞壁斜透，可从中穿行不远，崖忽中断5尺，没有落脚的地方，幸好向导经验丰富，敏捷如猿，侧身跃过对崖，取出两根木头横架为桥，方得以度过。

出登高岩，再往北上5里是绝顶。他们在真武庙中用餐，霞客又仔细打听下山的路，因为他是从来不主张走回头路的。为向导的樵夫说："若走正道，从万岁峰下，到山麓有20里。若是从西沟悬溜而下，则可省一半的路，只是路非常险峻。"霞客欣然选择了险道，因为他认为有险就会有奇，凡是听说有险的地方他都想去历一历，这样才能领略到别人所领略不到的奇景佳境。于是他催向导赶紧上路。

开始时，他们还依岩凌石，拨开草木而下，接着就从两石峡溜槽中直下。在峡槽中，开头尚可行走，可欣赏一路的景色。抬头上看，但见夹崖逼天，感觉自己似从天而降。在山顶时，雾滴成雨，随着往下走，天色渐开，景色也渐明朗奇丽。但不久，峡槽变成了陡悬而没有石级的山沟，不仅无法行走，且停留也是不可能的，便只有任其滑溜而下了。越往下，崖势越壮阔，一峡到了尽头，忽又转入一峡，惊险异常。霞客极力控制自己的情绪，目不旁视，双脚也不去做停留的努力。如此滑行了10里才出了石峡到了平地，走上了正道。

在少林寺歇过，霞客又要去登西边少室山的绝顶。他求少林寺的僧人为向导，僧人各个都说少室太远，且大雪封道，不能去。可霞客偏有副倔脾气，别人越说不能去的地方他就偏要去。他对仆人说："人们说少室俊秀，顶峰南寨峰峦峭拔，似'九鼎莲花'，今天天气晴朗，正好可以看看少室的真容，哪能因雪受阻！没向导，我们自己摸着去！"

他们从少林寺南渡涧登山，走7里到二祖庙时，山全成石山，没有寸土，没有树枝。他们只能仰攀，手脚并用在光秃秃的石背上爬，十分吃力，两旁又是危崖千仞，不敢有丝毫松懈。如此爬了7里到大峰，山又变作土山，满是荆棘草生。他们穿荆棘深草向南攀行，又5里方到南寨。站在南寨峰顶一看，霞客发现，这少室山的顶峰中间裂开而成数峰。所谓的南寨就是北面一峰，峰势展开如一具屏风。南面一峰则耸峙如排列的剑戟。两峰分开只有数丈，中间是很深的陡崖，直下如劈。而在两崖之间又突起一峰，高出诸峰之上，这便是摘星台，是少室的中央。霞客寻见摘星台与南寨之间在崖下有一丝相连的地方，又脱衣从悬崖下面攀援而过。登上摘星台，霞客环视众山，前后左右之势更加明晰了然，但见"南顶之九峰，森立于前，北顶这半壁，横障于后，东西皆深坑，俯不见底。"正看得仔细，忽然一阵猛烈的北风吹来，霞客站立不稳，几欲被风卷走。他不禁重重打了个寒战，有高处不胜寒之感，遂下山而去。

出了嵩山，霞客一行又快马加鞭直奔西岳华山。

西岳华山，位于陕西东部华阳县南，北临黄河和渭水平原，南接秦岭，素以巍峨雄险、陡峭如削而著名。华山三主峰——东朝阳峰、西莲花峰和南落雁峰鼎峙耸立，海拔均在2 000米左右，其中落雁峰高达2 160米，为五岳中最高峰。华山山体系花岗岩构成，岩层经过大自然风风雨雨的剥蚀，到处都是陡峻的悬崖峭壁和深邃的幽谷深壑。华山之险，也位居五岳之冠。

"华山自古一条路"，要登华山，可谓山高路险，山险路窄，许多地方让游人举步维艰，而又没有任何选择。云游四方的霞客却正喜欢这样一种大自然的挑战。3月1日，霞客匆匆参谒了坐落在华岳镇的西岳庙，便进入了峪口，开始登华山了。

峪口是登华山的孔道，这里两崖壁立，中间是一条溪流。循溪流随峪而行，10里过莎萝宫，山路便开始陡峻起来。再行10里，进入高山盆地青柯坪，由青柯坪往上，便步入险途了。先是过千尺㠉，这是一陡峭的石级小道，两侧壁立千仞。向上仰望，天如一线，俯瞰深谷，下临无地，有"华山咽喉"之称，石刻"气吞东瀛"正反映了它的气势。霞客攀援铁索而上，还一边细心地数着石级的级数，共有377级。

过千尺㠉是百尺峡，百尺峡险如千尺㠉，只是较短而已。再上是老君犁沟。相信老子在华山修炼时，见人们凿山开路很是辛苦，便牵牛犁山，开成此沟。再上是猢狲岭，又名猢狲愁。相传自华山水帘洞来的猿猴经过此地，见路险而不得过，愁视而返。霞客都一一渡过，又过三面绝壁悬于深崖中的白云峰，来到了苍龙岭。这岭横于两峰之间，长约45丈，宽仅3尺，岭背拱起如龙背，旁是幽壑深谷，杳不见底，行于其上令人心惊目眩。据说唐代文豪韩愈曾行经此岭，至岭中时，惊恐万状，自感无希望生还，竟投书简于岭下，失声大哭。后来便有人在岭上刻石为"韩愈投书处"。看到这有趣的石刻，霞客想起了本朝诗人王履的诗句："背无一仞阔，旁有万丈重"、"谁知万险中，得此稀世奇"。这真是险中之险啦！

　　霞客跨过苍龙岭，又经玉女峰顶，于傍晚时分终于登上了东峰朝阳峰，据说这里是看日出的好地方，可惜的是，这时已是余晖夕照了。

　　第二天一早，霞客请道士为向导，又攀上了南峰落雁峰的峰顶。这高2 000多米的华山之巅，并不像其他高山山顶那样空旷荒芜，却是古木参天，风景幽绝。南面一侧是断层深壑，壁立万仞，显得孤高突兀，险峻异常。站在峰顶察看完山势走向，霞客又特意由南侧悬下，来到了华山最险的通道——长空栈，又称"九节杌橼"。这是一条九节相连的木构栈道，人走在上面，栈道会摇摇晃晃，还发出吱吱嘎嘎的声响，而下面是万丈深渊，深不见底，令人胆战心惊。

　　下了落雁峰，霞客又登上了峭壁千仞的两峰，霞客见峰上石头耸起，又有石片覆盖其上，形如荷叶，所以这两峰就叫莲花峰。

出了华山，霞客同仆人又急匆匆地赶到湖北均州（今均县），游览了道教名山太和山（武当山）。霞客攀上了太和绝顶天柱峰，游览了金碧辉煌的金顶等名胜，于回龙观郎梅祠讨得数颗郎梅禁果孝敬母亲，便顺汉水、长江而回，于4月9日回到了母亲身边。

注：1里=500米

沉痛打击

1625年,霞客经受了一生最为沉痛的打击——母亲王孺人不幸病逝了。这不是一位普通的母亲,而是最理解霞客,也是霞客事业最坚强的支持者,是一位勤劳坚强而又深明大义的伟大母亲!

母亲王孺人,生平不详,只知道她娘家姓王。在霞客出生时,她已40出头,是个已做了婆婆的人了。作为一个富裕家庭的大太太,她尽可以安闲度日,享太太的清福,甚至是耍太太的威风。然而,留在霞客记忆中的她却一直是勤劳而善良的母亲形象。她每年春天,都在庭院里种上许多篱豆,搭起支架,到夏天便绿荫满院,到秋天则篱豆满架,自家吃不完便摘了送给亲朋好友和邻居。她长年累月地纺纱织布,家人用不完便拿到集上去卖,因做工精细,她的布总是一卖而光,顾客也都能认出她的布来,小时候的霞客常喜欢坐在篱豆架下，坐在母亲织机旁看书，母亲常告诫他说："做人就要勤劳俭朴，这样方能丰衣足食。读书也一样，须勤学不辍，才不会感到知识的匮乏。"

她没有门第之见，没有贵贱观念，待仆人和佃户平易近人。她还经常援助附近贫困的农民。每遇灾年，她都要拿些粮食、衣物赈济周围的灾民。她的言传身教，给霞客影响很大，使他在漫长的旅游生涯中受益匪浅。在多次艰苦的旅途中，霞客之所以能与各族劳动群众友好相处，并得到广泛的帮助，都可谓得益于母亲的教诲。

更为难得的是，她有颗豁达而深明大义的心。在古代，读书求功名几乎被认为是读书人的唯一出路。如果一个读书人终身求不得功名，是会被人瞧不起的，甚至还会使家人受辱。因而，一般贤妻良母都是积极鼓励丈夫和儿子去参加科举考试，求取功名。但她并不这么认为，也不这么做。她认为好男儿应该是志在四方，而不应是困守家庭。因而她积极鼓励和支持霞客的旅游事业。1607年，她亲手为霞客织了顶远游帽，送他踏上了旅途。后来她便经常是在豆架空空的时候，送儿子踏上新的旅途，在绿荫满院时，掐算儿子的归期，在篱豆满架时，为风尘仆仆的儿子解下行囊。

她总是对霞客的外出旅游表现出浓厚的兴趣和极大关心。霞客每次外出，她都要为孩儿认真地准备行装，筹集足够的旅费。霞客每次回来，她都要问这问那，是孩儿旅途见闻最忠实而又细心的倾听者。霞客为了孝敬母亲，也总是要从外地带回一些特产。每当她品尝着孩儿带回的特产，听孩儿叙说着外地的新鲜事，总是喜形于色，有时会高兴地说："儿呀，我能尝到这么多稀罕果子，能听到这么多稀罕事儿，我觉得我真幸福，比别的母亲都幸福！"当霞客谈到攀崖历险或路遇虎狼等惊险处时，在场的仆人们一个个都惊骇不已，然而她却是一脸喜色，有时竟会自豪地朗声赞道："儿呀，你真勇敢！真不愧为一个男子汉呢！"

霞客在外游历时，喜欢险中求奇，他认为越是险峻，越是人迹罕至的地方，越可能会有美景奇境。因而，他每到一地，在问明情况后必择险道而行。由此，他也常常陷于险境，有时甚至是绝境。在历险的时候，他浑身是胆，充满机智，但在历险之后，当他想到家里的老母时，又后悔不已。有一回历险之后回到家里，看到白发苍苍的老母在篱豆架下，一边织着布，一边教自己的儿子念着诗句，霞客禁不住流下了眼泪，仰天叹道："孝子不登高，不临深，聂政曾说：'老母在，政身未敢许人也。'而我却许身子穷崖断壑之间，这是图个啥呢？"母亲却微笑着相迎，说："我儿无恙而回！我去卖布买些好米来煮饭，摘豆炒来为你下酒，拥着孙儿在旁边叫他背些诗句逗你乐，我们母子还求什么呢？"

母亲不仅是霞客的知己，还是霞客的精神支柱，更是霞客家庭生活和经济生活的坚强后盾。在霞客前期的旅游生活中，有得子之喜，有丧妻之痛，也有续娶之累，然而，由于母亲的勤劳与坚强，使得这些都没能够对他的旅游事业形成影响。母亲直至年过古稀，也没有卸下家庭重担，她总是把家庭内外的各种事情处理得井井有条。儿媳不在了，她又把幼小的孙子带到了篱豆架下，带到了织机旁，教他读书识字，把告诫霞客的话又谆谆告诫于他。

1620年，母亲终因年迈而病倒了。这令霞客忧心如焚，焦急万分。他认为是自己没有尽到孝道，因而决定以后要好好待在母亲身边，侍候老母。待母病初愈，霞客特地为母亲盖了栋新屋，取名为"晴山堂"，是诗句"四月晴和雨乍晴，南山当广转分明"之意，祈求母亲永远健康。但细心的母亲却为自己的病耽误了霞客的行程而不安。两年后，她觉得自己已基本恢复了健康，还是督促霞客又踏上了西去的旅途。

1624年，母亲已年届80高龄，霞客决定在母亲生前再也不出远门了。一是他要为母亲隆重地操办80寿典，以表达对母亲操劳一辈子的谢意；二是该好好地为母亲准备后事，并让母亲颐养天年。可在家转了一辈子的母亲，这时却提出了意外的要求，要霞客陪她去游荆溪和句曲。这虽然不算远，但往返也有五六百里地呢。一路上，母亲非但没讲过累，反而一直是兴致勃勃地走在霞客的前面，当然，霞客为了讨母亲高兴，也是故意放慢脚步，但母亲的良苦用心，霞客心里是非常明白的，母亲是在告诉他：瞧，我身体健康着呢，用不着你来侍候我！霞客看着前面白发飘逸的母亲，常常是激动得热泪盈眶。

不过，这一回，霞客没有理会母亲的善意，而是认真地为母亲操办着事情。为了给母亲贺寿，除了通常办酒席外，他还请苏州张灵石布景，无锡陈伯符写照，绘制了一幅"秋圃晨机图"，把母亲早起在篱豆架下织布的情形永远记录了下来。并遍请高士好友为母亲撰记，题诗，作赋。时人文震孟、姜逢远、米万钟、高攀龙、何乔、郑之玄等，都慷慨献墨。其中好友高攀龙的诗写道：

吾闻东海有贤母，不艺春园艺秋圃；
凡木虽阴不耐霜，独爱离离豆花吐。
菽水由来展孝思，于今更可添慈谱；
白首晨兴课女儿，勤俭为箴自千古。
风前有子进霞觞，更挟父孙共斑舞；
手授遗书禅冶弓，杼声似写丸熊苦。
异日昼锦煌煌辉采衣，亦知功自断机能作祖。

母亲毕竟年岁已高，喜庆日子过后不久，又病倒了。尽管霞客率众家人悉心照料，但还是一病不起，并于第二年9月辞谢人间。这令霞客痛不欲生。

为了表达对母亲的深切哀悼，霞客决定守孝三年，并将名人好友写给母亲的诗文刻在石碑上，放置于晴山堂。后来《秋圃晨机图》不幸遗失了，但许多石碑流传了下来，至今仍留存于徐霞客纪念馆晴山堂中，也成了后人对这位伟大母亲的永久纪念！

重上征途　千里交友

在霞客为母亲守孝期间，又有新的打击接踵而来。明末时期，皇帝昏庸懦弱，宦官贵戚结党营私，干预朝政，扰乱朝廷。一批正直忠诚之士群起责难，阻挠宦官专权，被称为"东林党"，因而形成党争。1626年，宦官魏忠贤得势，把持了朝政，便大肆迫害所谓的东林党人。霞客恩师缪昌期，好友高攀龙等正直开明之士都遭到追捕。高攀龙在被追捕时投水自杀身亡，缪昌期则在被捕后遭到严刑毒打惨死狱中。他们都是霞客难得的知心至交，消息传来，不仅使霞客痛上加痛，而且由痛生恨。从此以后，他对魏忠贤一伙阉党是深恶痛绝，疾恶如仇，凡是遇到，都拒而远之。并且也更加坚定了他与东林党人交往的信念。

母亲的去世，挚友的遭难，都使霞客心灵遭受了巨大创伤。但这些都没有能够影响到他的旅游事业，反而使他更加专情于祖国的山山水水。1628年春,霞客守孝期满,便随身携带着好友写给母亲的诗文,重又踏上了征途。他要把对母亲的爱、对朋友的情,随同自己的足迹,印在祖国壮丽的河山之中。

母亲去世了,孩子们也渐渐大了,霞客再也不用为尽孝道或因家事而严格约束自己的行期了,所谓"游必有方"不必再遵循了。因而,霞客的旅游生活发生了很大变化,不再是严格定线定点而游,也不再是来去匆匆,而是随意而游,尽兴而游;考察对象也不再是名山大川个别点,而是更广阔的大自然,对一般山水的差异也进行细心的观察。

这年春天,霞客带了仆人,南下穿过浙江又来到了福建。这是他第三次游闽,第一次是定点游武夷山,第二次是定点游之九鲤湖,这次则只有一个粗略的计划,准备游经莆田、泉州一带,过闽南入广东。可入福建后,听说泉州、莆田的路被海盗所阻,便改由经闽西山区而下。

这闽西山区,虽没有什么名山胜水,却也到处可见峰峦叠嶂,幽谷鸣泉,让人赏心悦目。霞客一路领略着春光山色,于3月20日进入了将乐县境。他从志书上知道,这里有个玉华洞,相传是仙人赤松子采药的处所。此洞洞中有洞,蜿蜒曲折,深逾2 000多丈,洞中有暗河流淌,多怪石奇景。便打着火把去探了这玉华洞,发现此洞果然名不虚传,"炫巧争奇,遍布幽奥",足可与宜兴的张公洞相媲美。

　　出了玉华洞，听一僧人说，这里不仅洞奇，实际上峰也奇，只是因草木太盛没有去路罢了。霞客又披荆斩棘，穿草木而行，爬山数里，果见有巨石如笋状，尖削凌厉，直插云霄，颇有裁云洞天之势。但天色已晚，不能近前。

　　下得山来，不意来到了宁洋（今龙岩），见有一小溪奔腾穿行于崇山之中，两岸山幽景奇，霞客打听清楚了小溪的去向，便又雇一小船顺流向东而下。这溪水流不大，但峡滩密布，水流甚急，舟行期间险象环生。从宁洋舟行不远，便有一峰突起横挡溪流，水顺山势急回转向西，水流回旋成涡，绕峰后又转而向东，有石嘴滩，滩中乱石丛生，中开一门，宽仅可容舟，水冲石门而过如入咽喉。过石门后，水忽下坠丈余，形似瀑布。下坠后的一段水流仍有数丈高的水位差，水势奔腾如泻，且溪多曲折，危险异常。舟过此滩，须依次而行，人须下船，众人一起用缆绳拖拽过险。过险后不久，前面又是山峡危逼，复嶂插天，小船曲折破壁而下，如同碧翠穿云。到了漳平界，又有一峰突起阻流，水沿山势东西曲折奔流，这儿是溜水滩。滩中峰连嶂谷，溪水如一缕飞涛，舟行其间如穿云汉，人坐舟中，则有如裹身于龙湫飞瀑，心悬身轻。再前行二三十里，又有险似前滩的石壁滩，过石壁滩，水势始较平缓。

　　领略了一路的险境奇景，上得岸来，霞客不由得想起了前些日子经历的另一条溪流——闽江上游的建溪。他觉得两溪差不多大，为什么宁洋之溪水流甚急，10倍于建溪？于是他便仔细比较这两条溪的情况来。他发现，两溪上游的山岭差不多高，只是两溪的流程大不相同，建溪由浦城至闽安入海有800余里，而宁洋之溪由宁洋至海滩入海仅300余里。于是他总结出一个道理：在源头地势相同的情况下，"程愈迫则流愈急。"

霞客如此这般地考察和分析两条小溪的水流情况，可见他的工作态度是多么的认真仔细啊。而能从这细小的事物中总结出一般性的规律，这也说明霞客的地理考察已日渐成熟，他已是一个成熟的地理学家了。

到了漳平，霞客又顺九龙江而下，要去漳州探望族叔也是好友徐日升。连失亲人和好友的痛苦使霞客更加珍惜亲朋之间的感情，后来的每次出游他都要顺路或是绕道去拜访亲朋故旧。但令霞客意想不到的是，这次的漳州之行竟使霞客在友情方面又有重大收获，那便是结识了一生中最为知己的好友黄道周。

4月4日，霞客到了漳州，得知族叔去了南靖，便又乘舟起去到南靖。叔侄相见，很是高兴，不免促膝长谈，畅谈家乡事，畅谈国家事，畅谈天下名士高人。不意谈到了"闽中大师"黄道周，族叔说：

"这黄道周性情可同你差不多，他从小嗜书，学识渊博，也喜好大自然，不愿求什么功名。然而家境清苦，他又是大孝子，还是遂父母之愿去进了学。于万历四十六年（1618）中举，天启二年（1622）成进士，选庶吉士，授翰林编修，参加修国史实录。他为人刚正不阿，敢正面蔑视权宦魏忠贤，在士大夫中威望很高。当天启六年（1626）魏忠贤大发淫威时，好在黄道周因丧母已辞官回家守孝，逃过了劫难。现在他还在漳浦呢。"

"我也早从缪先生那儿听说过他的为人，我很敬佩，很想去结识结识。"

"好啊，你真应该去认识他。明天我就陪你去。"

其实黄道周也早知道霞客其人，对霞客志在山水的务实精神大加赞赏，当徐日升带霞客来到墓前草屋拜访他时，两人很快便形同故交。谈朝政，谈山水，谈诗文，彼此倾心相谈，相互倾慕。黄道周赞霞客为"天下奇人"，霞客则称黄道周人品、学问皆堪称"当代第一"。

后来黄道周又介绍他的好友郑鄤、何楷、张燮、郑之玄等许多江南名士与霞客交往，这使霞客又多了很多知心朋友。但在众多的好友中，唯黄道周与霞客最为相投，感情最笃，堪称为肝胆相照。两人因各自的事业，虽很少相见，甚至很少书信来往，但却几乎每一次的相互交往都留下了千古佳话。1630年2月，徐霞客到常州探访在家养病的郑鄤，听说黄道周复职赴任刚路过此地北上京师，便不顾严寒忙乘小船追赶，一直追到丹阳（今镇江），方始追及。两人登岸走进一家酒店，即兴饮酒题诗，黄道周感激霞客前次千里造访追及于草屋，挥笔而就一首七言长诗赠霞客，诗成而酒未尽。诗中写道：

　　天下骏马骑不得，风鬛雪尾走白日；
　　天下奇人癖爱山，负铛泻汗煮白石。
　　江阳徐君杖巨雄，自表五岳之霞客。
　　鸢肩鹤体双瞳青，汗漫相期屡不失。
　　事亲至孝犹远游，欲乞琅玕解夜织。……
　　贵人驿骑不肯受，掉头毕愿还扶藜。
　　自言早岁适雁宕，縆藤级绠穷上下。
　　天台石梁平如兜，……
　　何况操蛇窟穴底，千山为貌隐千山；
　　乃欲搜剔穷真灵，不畏巉岩不避死。……

　　把霞客不落世俗爱山水的超然形象、为人爱憎分明的高尚品格，以及履险如平地的献身精神都展现得淋漓尽致。1640年，霞客远游病归，躺在床上，得知黄道周因弹劾奸臣，忤逆了崇祯皇帝，被削职监禁，愤然不已，忧心如焚。自己不能动，便派长子徐屺携带书信和衣服赶往京师探监。1641年，霞客不幸病故，黄道周于战乱得知这一消息，悲痛万分，致奠祭书感慨写道："缙绅倾盖白头者多矣，要于皭然物表，死生不易，割肝相示者，独有尊公。"霞客交友，也和他的事业一样，看准了目标，便始终不渝。

　　告别了族叔和黄道周，霞客又南入广东，游览了罗浮山，并携山中梅树而归。

西南万里避征

穿越浙赣

在1629至1633年间,霞客又曾两次北上,游京师、山西,登崆峒山、盘山,攀五台山和北岳恒山;两次南下游福建、广东,重上罗浮山;再游浙东,一上天台二登雁荡……至此,他已把东部的山山水水几乎踏了个遍,于是便拟作长距离的西南之行。

其实霞客很早就有这一愿望,年轻时,他遍览历代地理方志,发现书中所载"俱圃于中国一方",而关于边远地区的山水记载和海外的资料则极少,甚至是没有,便立志要"为昆仑海外之游"。但要作如此长游,在当时须得有数年的打算才行。长期以来,家有老小,俗务缠身,霞客显然不便成行。如今长子徐屺、次子岘都已长大成人,能操持家务了,应该是时候了,他便同妻子商量起此事。

可妻子罗氏不依，虽说是大儿子已长大，却都还没有结婚成家呢。那时的儿女婚嫁，都得由父母操办。在1634、1635年，霞客又忙着先后为老大和老二完了婚。办完了这两件事，霞客已到了知天命之年了，尽管下面还有小儿子未成年，但他已深感"老至不能待"，在1636年的秋天，还是毅然而然地踏上了一生中最远的万里征途。

江阴迎福寺的僧人静闻，久仰云南鸡足山的大名，曾刺血写了一部法体经，愿供之于鸡足山。听说霞客有作西南游，便要求结伴同行。他们在一个秋高月明之夜，乘舟南下，计划穿越浙江、江西、湖南而进入西南地区。

当时正值明末多事之秋，内地农民起义烽火四起，边关则满蒙大军步步进逼，明王朝庞大而腐败的官僚机构疲于应付，陷于瘫痪。各地地痞流氓则趁机作乱，合伙成群打家劫舍，拦路行凶，使社会动荡不安。在这种情况下，身为布衣的霞客和一个和尚要进行跨数省的远游，困难可想而知。进入浙江不久，麻烦事便开始来了。先是随从的一个仆人不辞而别。这次出门，因行李多，霞客带了姓王和姓顾的两位仆人。可一天早起，霞客催仆人做饭，竟发现姓王的仆人不见了，后来有人告诉他是坐回头船走了，大概是经一路所见所闻，感觉前途叵测，便逃回家去了吧。这使得霞客不得不沿途临时雇挑夫挑行李。

10月10日，当霞客一行乘船到兰溪县时，又被官差拦住了去路。据说是清兵已打进了喜峰口，占领了昌平，朝廷急征各地援兵北上，从衢州来的勤王师要经过这里，上边命令所有民船停在这里随时听候调用。霞客同静闻只好弃船上岸，住进了旅店。好在附近的金华县有3个很有名的岩洞，即朝真洞、冰壶洞和双龙洞，霞客以前尚未游过，便趁这个机会去游览了一番，并还游览了附近其他5洞。

在兰溪逗留了数日，觅得船只，他们走水路经衢州径直入江西境。这是霞客第三次进入江西，前两次都是匆匆而过，除了庐山外，其余山水都未曾一睹真容。因而，这一回他决定要一路好好领略一番，闻奇必探，见险必历。他们沿武夷山西侧南下，日行夜宿穿行峰峦之间。10月24日，他们来到贵溪，店主介绍说，西面的马祖岩风景很美，可以先游马祖岩，然后转而东游仙岩和龙虎山。霞客觉得很好，便让静闻跟行李东南行，到龙虎山上清宫等候，自己则带顾仆轻装向马祖岩进发。

那天，他们一出门天就下起了小雨，约走了20里路，小雨忽又变作了滂沱大雨，他们主仆打着雨伞，戴着斗笠也不管什么用，很快便被淋了个浑身透湿。

马祖岩有新岩和旧岩，要去的应是旧岩，可大雨天无人问路，他们只好自己摸索着走。走饿了，便在岩间避雨，剥开所带的橘子和柚子作午餐，吃了又接着赶路。他们在雨雾中见南崖上有房屋掩映竹间，便急忙攀登而上，虽见到一岩高敞盘点于半山中，但石粗窍直，无婉转玲珑的情致，进僧舍一打听，方知是新岩。霞客想在舍中避避雨，烘烘衣服，可这里的僧人脸色难看，好像唯恐他们会留下来不走似的，他们又只好在大雨中下山了。

下得新岩，转而北入一山峡，见峡口巨石磊落，高下盘崎，深树古藤，笼罩其上，颇有几分雅致，霞客游兴又起。当他冒雨由峡底攀岩南上时，但见雨水与岩石交织成一幅幅迷人的图画，玉溜交舞于外，玉帘环映于前，仰视则重重岩石层叠于上，很有情趣。这就是旧岩石。可是当霞客兴致勃勃地登至岩上，展现在眼前的却大令人失望，到处是狗窝猪栏，牛棚马栈，污秽填塞，臭不可闻。唯一能让人容身的南北两排僧房，也是面墙环堵，黑暗如狱。霞客不禁心里咯噔一下，大有吃美食时吞进一苍蝇般的难受。更为让人气恼的是，这里的僧人心地也龌龊肮脏。当霞客他们来到此处时，已是日近黄昏了，这时他们已走了一天，衣服湿了半日，又冷又饿，便只好在此借宿。然而，南房的僧人以正在念经作法为由，拒客不纳，北房亦效法南房将霞客拒之门外。霞客在外徘徊良久，寒冷异常，便不管僧人的态度，强索卧于石龛之间。霞客让顾仆拿米去做饭，僧人又推辞说没柴薪，当看到他们的米好时，又提出以碎米换好米始让煮，结果煮出来的粥竟见不到一粒米。第二天早上，僧人又同样拿碎米换走了好米，霞客勉强吃了点糊糊，便气愤地下山去了。

霞客云游四海，多居住于寺院道观，从没见到过如此肮脏的去处，遇见过如此龌龊的出家人。玷污了佛门净土啊！不过，爱山成癖的霞客并没有因此而扫了游兴，仍然是很痛快地游览了仙岩、龙虎山诸景。在上清宫与静闻会合后，又继续前行。

霞客一路游历了金溪、南城、新城、南丰、乐安、永丰、吉水等地的名胜，于12月初又乘船溯赣江而上，要去古城吉安。当船到梅林渡，忽然迎面有一船顺流吆喝着闯了过来，船上30来个壮年汉子形似虎狼，冲上他们的船就掀船篷，殴打船家，然后对众乘客叫嚷道：

"我们是解官银的，船出了毛病，要换这船上省城。把你们的行李都统统搬到我们船上去，动作要快点，不得违抗！谁敢违抗，就如这船家！"

霞客见他们搬上来的都是铺盖之类的破烂货，根本没有银箱，知道是遇上强盗了，为了阻止大家把行李搬过去，就壮着胆子说：

"喂，这里离吉安府很近，何不同我们一道去吉安府，到那里换船也不迟呀。"

众乘客也都应是。这使强盗们咆哮不已。他们一计不成，便强行掉转了客船船头，欲顺流挟带而去。霞客看准了形势，趁船稍进岸时，带了一伙人呼喊追赶。强盗们见势不妙，便弃客船而去了。

自上路以来，霞客曾多次听到有关强盗打劫的事，有一次在江西上饶时，强盗就是赶在他们前面抢劫了路人，不过也都只是风闻而已。这次算是亲历了，好在凭着他的机智，化险为夷。船家和众乘客都非常感激他。

　　游了吉安这座文化古城，霞客一行继续西行，当来到赣湘交界的永新县城时，已是大年三十了。家家户户是张灯结彩，酒席飘香，一派节日景象。可这时却苦了在外的旅人了。因为中国的年节向来是以团圆为主题的，在外做生意的、当差的等都要回家去同亲人团聚。因而中国的年节也向来是家内热闹，家外冷清。尤其是在除夕这一天，很多地方的习俗都是，各种店铺全都关门闭户，不再营业。如有人在这一天营业是会被人笑话的，被认为是一辈子的劳碌命，甚至认为将会带来一年的不吉利。这永新一带也是如此。

　　在除夕这一天，霞客当然也是很想家的，想念妻子和儿女。他为了不让这种思绪烦扰自己，几乎把整个白天都耗在了野外考察工作中，一直到很晚才回到镇上。他们在空荡荡的街上转悠着，找不到一家肯接纳的旅店，而这时又不好闯进人家家里去，听到一阵阵噼噼啪啪的吃年饭的鞭炮声，霞客一行三人徘徊街头好生无奈。

　　正当霞客他们一筹莫展时，好在来了一位热心的书生。他有一个哥哥在南京做大官，自己也将要到南京去读书，听说霞客他们是从南京那边来的，很是热情，忙把他们领到了族人刘怀素的家。晚上，刘怀素和书生热情地请霞客饮酒庆祝新年，这使他一时忘记了身处异地他乡的游子心情，也忘记了旅途奔波的劳累。

大年初一，霞客辞谢了好客的主人，又继续踏上了行程。

深入"妖洞"

进入湖南境，霞客一行三人分道而行，静闻随行李马车直往衡阳草桥塔等候，霞客则同顾仆一路考察山水而行。

正月十一，霞客来到了茶陵东边50里的沙江，这里有座云楼山，山清水秀。山中有寺，据说是很早以前由孤舟和尚开山建的。霞客便要去登山探寺。可一问路，人们都脸带惊惧，劝他别去，说山中老虎横行，有一次竟白日闯进寺中叼走了一个大和尚，从此便人去寺空了。闻此，霞客却更想去探个究竟。一位热心农民见霞客去意坚决，便又邀来3个壮汉，一共6人各持器械火把，冒雨进山。霞客见有一条溪流甚急，直冲山穿峡而过。水被山峡所束曲折奔流，山石被水侵蚀成崖成滩。上山4里，有老虎窝，没遇见老虎，到了云楼寺，只见山深雾黑，寺中空寂无人，阴森恐怖。霞客在寺中察看良久，感慨了一番，便下山去了。

第二天，霞客游了茶陵东边的灵岩，又来到了茶陵城西，游紫云山、云阳山和东岭。在云阳山青莲庵，霞客又一次目睹了冰挂玉树奇观。长的有二三尺，短的有数寸，玲珑满枝，如琼花瑶谷；北风吹过，则似步摇玉珮，叮当有声。霞客认真地察看了这里的形势，发现四周环峰夹峙，竹子树木茂密如茸，应是紫雾成冰造成了这玉润晶莹的世界。

下了云阳山，霞客登上了东岭，在这里又看到了一大奇观。但见岭头中凹像一口锅，锅底遍布蜂窝似的孔穴，有的直下如井，深不见底，有的弯曲横转如兽穴。这就是九十九井。为什么会有这么多"井"？霞客认真分析了地形，很快便找到了答案。原来这山下面都是石洞，只要岭上有个小孔，多年的雨水就会把小孔冲成了"井"。

下了东岭，霞客便去探岭下的洞。东岭下面有三洞，即东洞、西洞和上洞，被称为秦人三洞。三洞皆有水，其中以上洞水为多，且洞口为水所阻，故又被当地人称为上清潭，也叫上清洞。霞客游了东、西两洞，都觉一般。但从西洞出来时，有位当地人对他说："这洞北面有个上清潭，洞门很窄，洞口有水流出，人不能进，得进必得奇景。在南面还有个麻叶洞，同样有水阻洞口。人们都说这两洞是神龙蛰伏的地方，不只是难进，也没人敢进。"霞客一听，又来劲了，竟有此等神秘去处，定不会枉此行的，便又加快了步伐去探上清潭。

走了不到半里路，霞客就找到了。洞在路下面，洞口向东，水从洞里往外流。洞口又低又窄，被水淹了大半。人往里走，必须身没水中，把火把举出水面。在这紫雾成冰的季节，霞客竟毫不犹豫地脱衣蹚水，举着火把蛇行而入。进入两丈，石隙高裂丈余，南北也横裂3丈多，但都无法进入。只有西面有孔洞，阔有1尺5，高2尺，而没于水中就有1尺5，洞顶离水面只有5寸。霞客想泅水再进，但火把不得进，又没人递送。加上洞中水冷刺骨，洞口又有风，霞客被冻得直打冷战，不得不退了回来。

顾仆在洞口烧了一堆篝火，帮霞客暖身子，烤衣服。过了好一会儿，霞客身子才慢慢暖和了过来，尽管吃了这么大的苦，而又没看到奇景，但霞客并不后悔，也从不会死心，身体恢复了自如后，又朝麻叶洞走去。

麻叶洞在麻叶湾，离上清潭约3里路。洞在乱石间，洞口向南，大如井，洞下有水。霞客到附近村上去觅食火把和找向导，村民都乐意提供火把，却不愿为向导。有的说洞中有神龙，有的说有精怪。最后霞客还是以重金雇得一人为向导，但当将要脱衣服进洞时，那人却问霞客是不是法师。霞客如实说："我是读书人，不是法师。"那人便慌忙退后说："我以为你是大法师，才答应跟你进洞。你只是读书人，岂能降龙伏妖？我不能拿性命陪你！"霞客不好勉强，只好叫他看行李，自己同顾仆摸索着进洞。

霞客同顾仆涉水而过，然后历经级至洞底，用火把向前照明，但见东西裂隙都无入口，只有直北有一孔穴，高阔各仅1尺，霞客见有洞可通，且干燥平整，便将火炬先放入，然后伏身蛇行而进，背摩腰贴，如钻口袋。过得这一穴，其内与外洞相似，又只有一孔穴可再通内洞，大小与前一穴如出一辙，便又依前法再进。过得这一关，方始宽敞，往东南有一峡，峡底像水冲洗过的溪底一样平溜光滑，且干燥无水。过峡，有乱石高垒，如楼台层叠。洞上有一孔，直透洞顶，有光从中射入，如同明星钩月。层石之下，有洞底南通，霞客推断这应是通到洞外涧水进入的地方，但现在却无水，不知为何。再由层石下北循涧底进入，又有一隘口，当前两穴相似，霞客见其西有一石隙，便攀石隙而过，石隙两壁石质光莹，内有垂柱如倒莲，形同雕刻。过隙，如进入了一条弄道，洞高且阔，上覆平石如布幄，洞底平坦似大道。由此向北驰行半里，有一石突出平整如床，床上有钟乳似莲花样下垂，连络成帏，四周垂幔。石床后两壁，有玉柱参差而立，颜色晶莹洁白，纹理如刻。霞客见此胜状，不由赞不绝口，兴奋不已。

霞客又向前行了半里，洞仍深不可测。而这时，两人所带火炬已用去了七成，恐归途迷路，只好速往回走。走到洞口透光处，火炬恰好用完。霞客同顾仆穿穹而出，大有脱胎易世之感。

听说霞客要探麻叶洞，附近的村民都很震惊，消息很快一传十、十传百地传开了，胆大点的都纷纷放下手头的活跑到洞口来观看。等了许久都不见人出来，他们还以为洞中真有怪物呢，兴许是给怪物吃了。想进去又不敢，想离去又于心不忍，就一直这样悬着心干等着。这时见霞客他们出洞，不禁都脸露庆幸和惊异之色。他们一拥上前，把霞客和顾仆围在中间，问这问那。待霞客说明洞中情形，始知只是个幽深的洞而已。

霞客以实际行动破除了人们的迷信，村民们都很敬佩他，把他视若上宾争相邀请。可惜的是，霞客还要赶路，他辞别了众人，又一路翻山越岭奔衡山而去。

衡山，坐落于湖南省衡山县境，是五岳中之南岳。山上有大小七十二峰，峰峰苍翠，山清水绿。山中碧涧飞崖，苍松荫谷，云雾迷离，处处秀丽动人，有"五岳独秀"的美誉。这里历史悠久。据传远古祝融君就曾经常游憩、狩猎与此，死后也葬于此，祝融峰和赤帝峰都因其而得名。还相传舜帝南巡，大禹治水，也都曾驻足衡山。留传下来的许多远古神话与传说，又为衡山染上了一层神秘色彩。

正月二十一，霞客来到了衡山脚下。他先拜谒了南岳庙。这是个规模很大的建筑群，总共有七进，整个建筑雄壮辉煌，庄严肃穆，气势非凡。接着向北游了水帘洞和九真洞。霞客发现，水帘洞仅有瀑布泻于崖间成水帘，而无洞；九真洞也只是环山成坞，并不真有洞。这衡山的"洞"原来还别又说法，但也都不失为一方胜景。

然后，霞客有南岳庙登山，经半山庵、南天门、上封寺登衡山绝顶祝融峰。他初行山间，望芙蓉、烟霞、石廪、天柱诸峰，全都高耸入云，争奇竞秀。而祝融峰却藏于诸峰之间，仅仅露一顶。等他登上祝融峰后，环顾诸峰都在脚下，有的像拱手作揖，有的像在告退，有的俯首侍立。下看，则潇、湘、蒸江环绕山下。至此，霞客终于完成了自幼许下的"五岳全登"的宿愿了，心潮澎湃不已，也感慨良多。自1609年登泰山，至今已历时29载，然而九州全涉之志尚未竟。想到此，不免又加快了旅游步伐，去览他峰之胜。

湘江遭劫

离开了衡山，霞客南下衡阳，与静闻会合。在衡阳稍作休整，然后于2月10日登上了去永州的船，他们要去湘南登九嶷山，并南下广西。

那时的船靠手划，且又没有航标灯，因而船的运行规律也同人差不多是"日行夜宿"。第二天晚上，他们的船泊于离衡阳70余里的新塘，同时在此过夜的还有五六只大船，显然这里是个长期夜泊的地方。在船上过夜，赏月，对霞客来说早已不是稀奇事了，但这一夜，他站立船头，看着水中晃动的弯月，欣赏着波光水色，仍有抑制不住的兴奋。自立春以来，连日凄风苦雨，愁煞路人，这么久还是第一次看到明月呢。昨晚泊于江上尚是潇湘夜雨，今晚却已是湘浦月明了，两种截然不同的夜景，让旅人心情也迥异，也算是妙绝。

然而，在这难得的月明气爽之夜，霞客一行三人及所有的泊舟人，谁也没有想到，正有一股杀气在向他们袭来。霞客刚躺下不久，忽有哭声划破宁静的夜从岸边传来。哭声尖细，像小孩，又像是妇女，哭了好长时间也没人过问。众舟也都寂然，没人敢发声。霞客听了，无法入睡，老在猜想着是一个何等伤心的人。想着想着，竟也怜悯而伤感，作起伤感的诗来，如有"箫管孤舟想东壁，琵琶两袖湿青衫"、"滩惊回雁天方一，月叫杜鹃更已三"等句。

及至二更时，哭声仍不绝。静闻和尚慈悲不忍，趁上岸小解时上前寻看，但见有一个十四五岁的男孩坐在草地上，伤心已极的样子，便问他为何在此哭泣。那孩子上前跪着说，他才12岁，为人家做工，主人经常酗酒，拿棍子打他，所以逃到这里。静闻安慰了一番，送了些钱，劝他回去。没想到他不但不走，反而干脆躺在了地上。静闻没法，便又回到了船上。

实际上这个小孩是个"媒子"，在他的身边潜伏着很多强盗。他装哭是为了引起船上人的怜悯，希望有人能把他带上船，好作为内应。此计不成，强盗们便干脆直接杀上船来。因而静闻刚返船不久，就听到了一片喊杀声，一伙强盗举着火炬刀剑，蹚着浅水向众船冲来。

此时霞客仍未睡着，听到动静，急忙起来从床板下取出了装有游资的钱匣，想越过邻舱，从船屋跳入江中。但船尾已上了强盗，正在挥剑砍后舱门。霞客见无法出去，便急忙把钱匣藏于邻舱的一个地方，然后又回到自己的卧处，想找衣服披上。但见这时，静闻、顾仆及其他的乘客，都赤着身或拥着被，被强盗逼聚到一处。强盗们从前后破舱合击，刀剑乱戳，众人无不光着身子承受，哀嚎声不绝。霞客见已无法逃身，怕暴露自己读书人的身份会吃更大的苦头，忙把贴身的一件绸衣也悄悄脱了丢了，与众人站到了一起。众人纷纷跪下请求饶命，然强盗没一点怜悯之心，仍乱戳不已。众人一急，便一拥而起，掀掉船篷跳入水中。霞客是最后一个跳入水中的，跳时脚被竹索绊住，与船篷一起倒翻而下，来了个倒栽葱，耳鼻都呛进了水。霞客奋力跃起，好在水浅，只及腰部。他顺江逆流逃行，恰遇逃脱的邻船经过，便爬上了这艘船。船上的客人见霞客光着身子，冷得直打哆嗦，便拿来船家的被子给他盖上，让他卧于船中。船行了三四里，泊于对岸的香炉山。这时回头望时，但见刚才的地方火光映天，听到强盗们齐喊一声，有灯火远移，这时强盗们散去了。

不久，曾停泊在一起的其他几艘船也陆续移泊了过来。人们忙向后船打听情况，有人说南京相公被贼砍了4刀。霞客知道这是看错了人了，自己正好好地躺在这里呢。但过一会儿，就听到顾仆呻吟着，喊着相公而来，原来砍了4刀的是他。霞客要来几缕布条为他扎了伤口，然后让他躺在自己身边。这时霞客原船上的船家父子也过来了，都受了重伤，躺在邻船呻吟不已。听到这些痛苦的喊叫，霞客不免庆幸自己的走运，然而又不得不为静闻的安危担心，他为何还没过来呢？还有那游资，那随身所带的书籍和手稿，尤其是那张家已珍藏了200多年的张宗琏著的《南程续记》一帙，不知都怎么样了？恐怕不被拿走，也被毁于水，或是毁于刀剑吧？想到这些，霞客便似有针穿心般地难受。

霞客一晚没合眼，看到天露一点灰白就赶紧爬起来，想去找人找东西。可是出舱一看，小雨霏霏，寒气袭人，自己光着身子，怎么走？船上一位姓戴的先生看到霞客为难的样子，问明意图，便慷慨地把自己的内衣单裤各一件送给了他。霞客感激不已，而又因无以回报深感过意不去，忽然想起了头上还有只银耳勺，便真心取下来送给了他。在20年前，霞客游福建返回时，因游资用尽，就是靠了一只绾发的银簪雇了轿子找到友人。所以后来出门时，买了只银耳勺插于发间，以防万一。这次果又派上了用场。物虽小，但也表达了一份诚意。

霞客回到舱里叫顾仆，可顾仆也光着身子呢。便又把单裤让给了顾仆，自己只穿内衣。内衣太短，只到腰际，船家见状又送给霞客一幅纳布。霞客将纳布裹于下身，便扶了受伤的顾仆登岸往回走。同行的还有同船难友4人，他们也都是去找同伴或主人的。

天大亮时，他们来到了昨晚泊船的对岸，看到隔江烧焦的船体，便大声呼喊起来。开始连喊了数声不见回音，以为都出事了，各个心情沉重异常，面面相觑欲哭。过一会儿，霞客看到了静闻，静闻也朝这边喊，说："在这儿呢！"

静闻求当地人用船把他们接过了对岸。对岸，其他人也找到了自己同伴。但衡阳相公艾行可失踪了，他的仆人沿江找了许久都没找到。人们还以为他可能搭路船回衡阳了呢，后来霞客返回衡阳时，才知道是死了，尸体顺流漂了很远。

静闻也受了伤，挨了两刀，好在没伤到要害。他见众人又冷又饿的样子，在背风处烧起了一堆篝火给大家取暖，又忍着伤痛冒着寒风，下水打捞灶具和米袋，熬了粥供众人填一时之饥。然后，静闻谈起了他在船上的经历：

原来，静闻为了守护血写的经书，一直舍身留在船上。强盗们见他是个和尚，也就没有伤害他。面对强盗们的疯狂，他小心地帮霞客收拾起各种翻乱的文稿和书籍，其中有《一统志》诸书和黄道周等人的诗稿，以及霞客一路上写下的日记。强盗们抢完财物后又放火烧船。静闻见强盗们离去，忙取水灭火。可强盗闻水声又返回，砍了静闻两刀而去。待他忍痛爬起，想继续灭火时，火势已不可遏制了。他便不顾一切地跳进水里，尽快地把佛经、书籍等物转移到尚留在附近的一艘运粮船上。他在水中来回奔跑着，但在他第三次返回时，船已沉没了。他又从水中抢出了几件湿衣服。后来运粮船要开走，他又蹚水一趟一趟地把东西搬到了岸上。

霞客抚摸着静闻帮他抢救出来的手稿，感激万分。众人也都为静闻的舍己为人的精神所感动。然而，竟还有昧良心的人诬静闻为同党，说是他引盗贼上船的呢。人们为之大为不平。

吃了点东西，慢慢地人们都散了。霞客已没有游资，静闻和顾仆又受了伤，显然不能这样往前去了。霞客想到衡阳尚有熟人，便决计返回衡阳。到了下午，他们终于遇到了一条船肯搭他们去衡阳。船家及众船人见霞客他们如此落魄的样子，知道情况后，都纷纷劝霞客说：你这么一大把年纪了，有家室，有田产，何不待在家里过安定日子？如今这世道乱得很，这回算是捡回了命，下回可难说，如果万一有个不测呢，身边连一个亲人也没有。霞客心里很感激大家的一片好意，但却淡淡地笑着回答说："我随身带了一把锹来，何处不可埋我的尸骨呢！"其实，霞客早已把他的身心交付给大自然了，藏身何处不是在大自然的怀抱！

露宿三分石

霞客一行返回衡阳，来到同乡金祥甫家，想求老乡帮忙解决游资。金祥甫一时手紧，不大乐意帮忙，推辞说，弄游资很困难，如想回家，倒是可想想办法凑些盘缠。霞客恳求说：

"我不能就这样回去，这等于半途而废。你想想看，如果我家人知道旅途这么危险，还会让我再出来吗？你帮我作保向桂王府借些钱吧，待你回家乡时就到我家取来还，怎样？"

　　金祥甫没法，便向桂王府送了帖子。桂王府也像当时各地的官府一样，腐朽得很，也空得很。王府主管抛下一句话说："等几天吧，我们召集官吏商议商议。"

　　这是霞客第一次想到求官府帮忙，可他们一等就是半个来月没消息。一天，金祥甫赚得100两银子回家，且好让霞客给碰上了。霞客便以1.33公顷地租为抵押，向金祥甫借得20两。但只有20两银子显然还是远远不够的，霞客请静闻留下来继续等候官府的帮助，自己则带顾仆先作九嶷山一游。

　　九嶷山又名苍梧山，位于湖南南部宁远县境，是霞客早就向往的地方。在读书时，他就曾说："男子汉大丈夫当朝碧海而暮苍梧"。相传这九嶷山是远古五帝之一虞舜安葬或升天的地方。《史记》上说，舜出身于平民，因孝德而闻名天下，尧老便禅位于舜，是为虞帝。虞帝在位39年，国内太平，四海朝服，唯觉江南三苗地没有教化，便巡守南方，不幸驾崩于苍梧野外，后人把他葬于九嶷山，造墓为零陵。后来西汉武帝在位时，曾南下九嶷山大祭虞舜，并修造了舜陵和舜祠。另也有人说，虞舜南巡并没有死，而是潜身于九嶷山炼丹，后升天而去。不管哪种说法，虞舜最后的足迹都是留在九嶷山的。霞客此行的目的之一就是来凭吊虞舜的。

　　霞客一行由湘江入潇水，到道州（今道县）后转陆路东行，经20多天的水陆奔波于3月24日到达了九嶷山下。上山约10里，霞客见到一处有几排荒芜的建筑，四周杂草丛生，以为不是什么重要的去处，就继续上走。后向路人打听舜陵的去处，才知道经过的就是，霞客惊懊不已。而这时已到斜岩了，只好在明宗法师的导引下先作书字岩、飞龙岩和斜岩之游。书字岩、飞龙岩都不甚深，唯有斜岩幽深莫测，引人入胜。

斜岩又名紫霞洞，传说虞舜就是在这里炼丹。霞客跟着明宗法师沿岩左一隙进洞，先拾级而下，后转向东，洞空平旷无比，里面一块块的石田鳞次相连，田中有水。沿田塍上行，东下洞底，涉过一条小溪后右拐，又有一大洞室，内有一大石柱端立中央，边有一小石柱倚立于侧，俨然一幅先生训教学生的模样，这就是所谓的"石先生"和"石学生"，这里也叫"教学堂"。过教学堂是烂泥河，泥深及膝。涉烂泥河左拐，有一巨大石柱自洞底上穹如莲花，其端有一石旁坐于石莲上，这就叫"观音座"。西下绕过观音座，洞室变得更加开阔高敞。然而，一般游者都到此止步，因为烂泥河水也顺流而至，积水深广而不知底细。霞客强求明宗法师继续渡河深入，还好水深过膝但并无烂泥。涉河南行，忽见一片荧光，数十根石参差并立，皆光洁如羊脂，真是一大奇观。这就是雪洞，因颜色而得名。明宗法师也感慨不已。他说："我每年导游入洞不下百次，还从没到过这里呢。"霞客还想往前行，但前洞风大水冷，明宗法师再不肯，霞客也坏了草鞋底，便顺来路回转。

游完三岩，当晚霞客便歇于斜岩。但第二天天气骤变，下起了大雨，寒冷异常，把霞客困于岩下。第三天仍大雨不止。霞客不愿再耽搁了，便冒雨前往舜陵。那时所谓的舜陵，就是明初建的"圣殿"，古代的舜陵、舜祠早已荡然无存了。而明初建的圣殿也已是颓废不堪，有题有"舞于遗化"字样的虞舜牌位，和标有"虞帝寝殿"的两排建筑，但都矮小破旧，与帝王身份实在是太不相称了。霞客看到寝殿前有一块巨大石碑，以为这该是古迹，可近前一看竟是当地官府招抚瑶人的记载。另还有一块刻满字的石碑，倒也能算是件古迹，但却与虞舜毫无关系，刻的是《永福禅寺记》，是好事者从已毁的永福禅寺搬来这里保存的。然而，这里的命运还不是将步永福禅寺的后尘吗？看到这荒草掩经、凄清冷落的景况，霞客不禁黯然神伤。

霞客此行最为重要的目的，是要到三分石察看水系。因为志书上说，三分石下水分三支，一流广东，一流广西，一流湖南。如是这样，那三分石是一重要的分水岭，对这样重要的地理现象，徐霞客是不会放过的，他须要查个究竟。因而他一上山三分石的路，明宗法师说太远了去不了。在书字岩下遇到当地百姓，便又求百姓为向导，百姓告诉他说：那儿太远了，又是瑶人居住地，须得瑶人为向导才行。而且途中又没有吃饭住宿的地方，须备带炊具和露宿。费了一番周折，霞客还是以重金请到了一位刘姓瑶族向导。

28日凌晨，霞客早早地做好了准备，天一露白，便去喊向导踏上了往三分石的路。一路上翻山越岭，攀崖涉江，很是艰苦。尤其是牛头江一带，本来江两岸的路就陡峭峻削，需上下攀援方能行走，加上当时流贼横行常出没于此，当地百姓砍了很多枝丫交错的大树横截路上，更倍添了行人的艰辛。不过这一切对于久经旅途的霞客来说，都算不得什么了，一路上仍仔细观察山水情形，每登一岭，都要看清前后左右之势，每遇一江，都要弄清上自何来下往哪去。

经过差不多整整一天的长途跋涉，霞客一行来到了三分石岭东麓。这里山势陡峻，难有下脚的地方，只有一条小径深掩于茂密的竹林中，须俯身攀竹慢慢穿行。而其时，竹子又被山雾打湿，枝叶上满是水滴，使人不能抬头，而又难于平行其下，唯有借助竹竿的刚劲猫身悬吸而上了。如此走了8里，山坡才渐渐平伏。又南行了两里，山雾弥漫，看不清离山顶还有多远，天又快黑了，三人便决计就地安顿。只怕等天黑了，找一块平地也不易。

他们合力砍树除草，清理出巴掌大的一块地方，拾枯枝点起了一堆篝火，可却找不到水，没法做饭，只有各自想办法安慰咕噜闹着的肚子了。向导和顾仆铺上草和树枝为床，蒙上被子，早早进入梦乡去寻找美食了。可霞客还要借着火光，把一天所历一一记录下来，凡当天所历当天必须记录所来，这早已是霞客的习惯了，不管在何种情况下，都这样坚持着，因为怕隔久了记忆会出错。

进入深夜，静静的山冈忽而狂风怒吼，风卷火星在空中飞舞，火焰忽高忽低飘浮不定，高时竟蹿起数丈。霞客开始不认为是奇观，静心欣赏。可随后浓雾随风一阵阵涌来，情况就不妙了。时而雾散，可见天上星星闪烁，时而浓雾聚集成雨，让你打伞不管用，拥被蒙身被子又渐渐被打湿。幸好火势猛烈，尚可抵寒湿。可是到了后半夜五更时分，下起了大雨，三人都淋了个透湿，火也被浇灭了。三人只好拥挤一处取暖，坐待天明。

说也奇怪，天亮时，雨停了，雾也散了，霞客一起身，便见三块巨石耸立眼前，仿佛就在咫尺之间。"哈，原来我们已到了三分石！"霞客惊奇地叫了起来，拉起两人就往前赶。可走了两里山路才发现，原来还隔着一座山峰呢。他们下山过山背，再南上爬了约4里，始到三分石岩前。然而，可恼的是，这里的天气实在逗人，这时又已是浓雾充塞，极目只见咫尺，难辨巨石真形。想探路再上，忽又大雨倾盆，三人无处藏身，再次成了落汤鸡。霞客在雨中踯躅了好一阵儿，找不到再上的路，就想，此行主要是探水系的，上去也未必有用，便决定下山了。

因雨雾迷蒙，下山时竟走错了方向，找不到路。他们披荆斩棘，在草莽中摸索好几个时辰，才下得山来。但不曾想，下山竟有意外收获，但见五涧纵横交汇一处，汇集了三分石西、南、北三面的水。霞客心里禁不住一阵狂喜，这不正是他要看的吗？于是霞客一一渡过，察看情形，然后顺南涧绕山东行，到前一日渡河而来的地方，循旧路而返。

经过一番艰苦考察，结合方志资料，霞客终于弄清了三分石下水的流向问题，纠正了我国地理学上一个长期因袭的错误。三分石下，水是汇为三支，但并不流广东和广西，而是皆流湖南。东北一支为潇源江，合北面、西面诸水（即五涧交汇处），出大洋，为潇水之源；正东面一支自高梁原为白田江，经临江所，至兰山县治，为岿水源；东南一支自大桥下锦田，西至江华县，为沲水源。它们都不流两广，因为在湖南、广东之间有锦田水为界，锦田水以东有石鱼岭，这里的水才向东南流广东；流广西的水，则在上武堡以南，都与三分石相去甚远。

穿行石灰岩区

霞客因顾仆经郴川返回衡阳，静闻仍然没有拿到钱，督促金祥甫再去活动，直至4月19日，总算是得到了桂王府的一点帮助。第二天，他们便又启程上路了，南下直奔广西而去。

他们的船慢悠悠地沿湘江而上，霞客一路观赏着两岸的景色。过冷水湾后，他发现景致渐渐有了很大变化。过

40里，但见山开天旷，眼界大大开拓了；湘江两岸濒临门水的岩石时出时没，石色细腻润泽，凡所见无不令人赏心悦目。过祁阳境后，则有突兀的山势渐渐呈现于眼前，其后竟是随地涌立。及至进入湘口，耸突盘亘的形势，又变地峭坚回翔的山峰了。进入广西后，霞客弃船陆行，当他一路游览了金宝顶、灵渠等名胜来到桂林时，见到的更是如画般的奇异之境。他在日记中描写道："西穿石山峡，这时诸峰分峙迭出，各自呈现出奇异的景色。石峰之下，尽是静静的水面，深的不过一尺多，浅的仅有半尺。山峰倒插其中，犹如青莲出水，各自挺拔，独立向上。起初有两座大山峰夹道，随后又是两个尖峰，行人道都是在水里用石块铺叠出来的，从山峰间穿生，变幻的景色让人应接不暇。"

　　霞客这是一步步地进入了我国最大的石灰岩地区了。这一地区的山体多由石灰岩构成。石灰岩质地坚硬，对机械侵蚀和物理风化作用抵抗力很强，但是却容易为水所溶解。溶解作用沿着岩石节理进行，这样经过长期的雨水和溪流的侵蚀，就使山岩分裂为无数峻峭的山峰，形成峰林。由于风化物质缺乏，使得山体表面缺少土壤覆盖，因而呈现在人们眼前的峰林又是光怪陆离的。霞客所看到的桂林景象，正是这样一种峰林地貌。与此相伴随的，还有溶洞、石沟、石芽、漏斗、圆洼地等种种自然景观，这些现在统称为岩溶地形，或叫喀斯特地形。其中最引人入胜的，恐怕还要数大大小小的溶洞了。这里的溶洞结构复杂，往往洞中套洞，且装饰有千姿百态的石钟乳、石笋、石柱等，还常有川流不息的清泉，或深不可测的地下河，让人美不胜收，而又感觉幽深叵测，险象环生。

这对于好探险寻奇的霞客来说，真是如到了宝地。来到桂林的第二天，他便急匆匆地去游著名的七星岩洞。七星岩位于桂林城东普陀山西侧山腰上，分上下两洞，下洞又叫栖霞洞。上洞洞口为一佛庐所掩，到了洞口尚且不知，由佛庐进洞后，则豁然开阔，上穹下平，洞中罗列着石笋石柱，皆晶莹剔透。下洞则宏阔高敞，洞顶横裂一隙，隙中有一石鲤鱼栩栩如生，姿态如跃。西北有层台高叠，上即为老君台。由台向北，洞分为两支，往东是一很深的峡谷，往西仍为高台。西上高台往北，入一门到幽暗处，但见洞壁上穹无际，下陷成潭，路绝而深不可测。回转下台向东行于深谷中，前有钟乳石对峙成门，为一天门，过门，洞又穹然高远，左有石栏横列，下忽然陷落，深不见底，是獭子潭，向导说此潭可通大海，霞客不信。再往前走又过了两个天门，则是一个钟乳石的世界，有"花瓶插竹"、"撒网"、"弈棋"、"善财童子"、"观音"等，真是千姿百态，惟妙惟肖，令人目不暇接，顾此失彼。

出了七星岩，霞客又游了省春岩、朝云岩、水月、荷叶等数十个岩洞，发现洞洞不同，洞洞见奇。这里真是个布满迷宫的世界!

　　5月22日,霞客沐浴着朝霞又乘兴顺漓江而下去阳朔。阳朔与桂林同属一个地段,但这里风景更为奇丽。俗话说:"桂林山水甲天下,阳朔山水甲桂林"。霞客欣赏一路景色的变化,兴奋不已。他在日记中写道:"晓月的光辉落在江面上流动着,神奇的山峰环绕在小船周围,更觉夜晚幽奇的景象,似乎又变幻出一番新的境界。南三里是螺蛳岩,有一山峰盘旋直上,转而又从江的右岸耸立起来,这就是兴平的水口山。又七里,东南出绿水村,山势态逐渐收敛。……再向南三十里,为龙头山,又是铮铮骨立的形象。而在阳朔县城的周围,则群峰会攒,呈现出碧莲玉笋般的世界。"喜悦的心情流露于笔端。

　　到了阳朔,霞客又同静闻、顾仆去探龙洞。他们打着火把由北面进洞,沿着走廊一样的洞壁向里走。走了几丈,洞顶渐高,洞的后壁上有龙影龙床。龙影下面有两个水池,水清澈如镜,池深仅五六寸,然上面的泉水注入池中,竟久注不泄。霞客觉得很神奇,认为这应是阳朔八景中第一景。

　　看完了洞内诸景,霞客发现左壁凹陷处有一个低矮的小洞孔,似可以往里深入,便又领头伏身往里爬去。洞越来越小,变成了一根管子似的,他们在管子里爬了五六丈,管子始变宽,出洞竟是龙洞的后壁。

　　在龙洞的后壁,霞客惊奇地发现,这里竟有8个洞门像连珠般地上下排列着，他们刚才经过的只是第二个洞门。霞客决定由最高的洞门进，一层一层往下游。可当爬到第七个洞门时，石壁变得光滑，没有任何凸凹之处可以攀登。而这里离第八个洞门尚有五六丈高。霞客想弄些木头橛子打进石头缝里，可又没带砍刀。后来，他看到岩壁上有一地方呈夹状，他便钻到夹壁中，试着用手撑足支慢慢上移，竟成功地爬了上去。他把方位告诉了静闻，静闻也爬了上去。他们进得洞内，但见洞顶高穹，四通八达。下视峡底，分成两路，旋转而下。霞客同静闻又依峡而下，依次探下面诸洞。在第五洞内有一条石龙，用石头轻敲，会发出铿锵有韵的声响。由龙侧往下走是第四门、第三门。如此旋转而下，依龙而游，霞客大有身处仙界的感觉。出得洞来，仍意犹未尽，不禁感慨赞道："像这样七八个洞联络贯通，络绎分层，弯转穿透，如登楼阁重门的岩洞，我还是第一次遇到。这个洞真可谓是群玉山头蕊珠宫啊！"

游遍了桂林、阳朔诸景，霞客一行又来到了柳州。这时静闻和顾仆都病倒了。这南方的暑天，瘴气弥漫，身体不好的很容易染病。静闻同顾仆前期受过伤，身体尚未完全恢复，旅途中又遇了点小风寒，受瘴气一冲很快便病倒了。霞客忙着为他们请医抓药，煮粥熬汤。待顾仆好了，便由顾仆照顾静闻，自己一人踏上了旅途。

6月20日，霞客乘舟溯柳江、怀远江而上去融县。一路上，他发现，自柳州西北，两岸的山景与桂林、阳朔大不相同。桂林、阳朔四顾都是石山，没有土山相杂其间；而这里是石山和土山相间，连绵的土山间，忽然有石峰数十座，挺立成队，陡峭耸立，或隐或现，给人以锥处囊中脱颖而出的奇异之感。

在融县，有个著名的溶洞叫真仙岩，高悬于县城南面的群岭之中。洞门高穹圆回如半月，洞口高崖平敞深入，犹如山被挖空了一半。洞内则结构复杂，有陆洞水洞之分。陆洞有僧寺和各种钟乳奇观；水洞则暗流甚急，幽深难测。霞客此行的目的，主要就是来探这真仙岩的。为了探明洞的真相，他干脆住进了岩内。

他请僧人参慧为导，领他游陆洞。里面曲里拐弯，洞中套洞，他们依次一一看过。但见有一处，一巨柱中悬，上缀珠旒宝络，下环白象青牛，稍后还有一须眉浩洁的老君晏坐相对，很是壮观。这真仙岩就因这老君像而得名。霞客用手摸摸青牛白象，又摸摸老君，看到上面时而滴下的液体，他认为这都是玉乳凝结而成的奇迹。这个见解是完全符合现代科学的。

正当霞客游得兴起，忽然，打着火把的参慧猛地往后退却，惊恐地叫道："有蛇！"霞客定睛一看，果然发现有一条大蟒蛇就躺在自己的脚前，身子有碗口那么粗，头尾都伸过了洞看不见了。霞客毫不迟疑地抬脚跨过，然后转身微笑着招呼参慧说："没事，蛇蝎虎狼都不是天生喜欢伤人的，不动它就是了。"参彗见蛇不动，也就壮着胆子跨了过去。他们游完里面，回头又照样从蛇身上跨过。

游完了陆洞，霞客又要游水洞，参慧说水洞流急且深浅不知底细，至今还从未有人游过呢，不肯为导。霞客则坚持说，水洞流急，但洞大，可以划船而游。参慧见霞客态度坚决，便答应帮找船。可他们俩找遍了山下附近各村庄，要不没船，要不嫌山高船不得过。后来霞客在山中遇到两个热心的樵夫，他们又叫来了几个同伙，把砍下的木头扛进洞中扎成筏，在筏上放了个木盆，对霞客说："这就跟船差不多了。"霞客高兴地坐于盆中，几个樵夫前拉后推便开始游洞了。他们带了根长竹竿，遇水深处，就派人先游过去，然后用绳拉筏。遇深水太长无法拉，他们就围在两边一同游水挟持着木筏前进。

霞客先乘筏逆流而上至入水口，察看洞内外形势，发现洞外是一奔流在沟壑中的溪流，这地下河就是溪流穿穴而形成的。然后又回头游各支洞，往返数次，直到彻底弄清了真仙岩的内部结构，方始返洞口，这算是霞客最"体面"的一次洞中探险。他对众樵夫感激不已。

可游完了真仙岩后，霞客去探铁旗岩时，就一点也不体面了，甚至险些送了性命。去时逢大雨滂沱，浑身被淋了个透湿，返回时又遇山洪暴涨，黄昏过溪不慎跌落洪水中，口鼻都灌进了泥水。后经奋力腾抓，攀草上岸始脱险。待半夜满身泥泞回到寺中时，把参慧都吓了一大跳。

但对霞客来说，只要身体还在，就是历了再大的险，也全不当一回事。

后来霞客又辗转游了浔州、南宁等地，并经庆远西向横穿了贵州和游了云南省的东南部。就这样遇奇峰必攀，遇奇洞必入用了长达一年的时间，行程上万里，把我国这块最大的，也是世界上罕见的石灰岩地区几乎踏了个遍。并对一些自然现象的成因进行了探索，给予了合乎科学的解释，对各地地貌特征的差异进行了科学的分析和概括。

他是我国历史上第一个完成大面积岩溶地貌考察的先驱者，也是世界上最早系统地考察和分析岩溶地貌的第一人。他留下的大量的丰富翔实的日记，今天仍然是人们研究岩洞地貌的宝贵资料。

艰辛旅途

霞客在广西南部考察时，遇到了西南行以来最为沉重的打击——1637年9月28日，旅伴静闻不幸病故。在霞客一生的旅游生活中，静闻可以说是他同行时间最长的、也是唯一的真正游伴。在漫长的旅途中，他们相互帮助，相互影响，同生活共患难，已结下了深厚的友谊，成了有共同雅兴的知心至交。然而，自进入广西后不久，静闻便因体弱而病倒了。此后在辗转广西各地的途中，病情时好时坏，到南宁崇善寺时，竟一病不起，霞客一路都关心他的病情，为他请医抓药，留顾仆护理他。到南宁时，霞客见静闻病情加重，也无心出游，守候在他的身边。可心地善良的静闻知道自己的病恐怕是不行了，怕因自己耽误了霞客的行程，竟以不吃药相逼，迫使霞客和顾仆一同踏上了游桂西南的旅途。就在霞客启程后的几天，静闻便圆寂崇善寺了。

霞客在旅途中得到噩耗，当即伤心落泪，悲痛万分。想起一路的往事，他彻夜难眠，以凝重的笔写下了："晓共云关暮共龛"、"禅销白骨空余梦"、"西望有山生死共，东瞻无侣去来难"、"含泪病君仍自痛，存亡分影不分关"、"死生忽地分今日，聚散经年共此晨"等诗句，以悼亡灵。

为了实现静闻供经鸡足山的遗愿，霞客决定携经负骨继续前行。他游完桂西南回到南宁，即向崇善寺索取了静闻的尸骨和血写的经书，用一个竹筒装好密封了放进自己的行囊。然后于12月19日，离开了这伤心之地，向北而行。

1638年3月，霞客同顾仆由桂西进入了云贵高原，开始了更为艰难困苦的旅行。这里山高水急，道路崎岖，本来旅人就多有不便，且民族众多，相互杂处，明王朝对少数民族实行土司管理政策，土司之间经常发生械斗，又使旅人多有不安。再加上这时已是明末，政府机制松弛、社会治安差等问题，在这天高皇帝远的高原山区更明显突出，到处是盗贼横行，人渣泛难，使旅人更是提心吊胆，倍添艰辛。

进入贵州后不久，在去都匀的路上，天忽然下起了大雨，他们打伞、戴斗笠也无济于事，就躲在树下避雨。没想到，冷不丁从他们身后冒出了4个人来，两个走到霞客的伞下，一个走到顾仆的伞下，另一个站到了挑夫跟前。他们手中各持梭镖、宝剑等器械，面目阴沉狰狞，身子壮实。霞客见此暗吃了一惊，心想情况不妙，但并没有表现出惊慌和不安来。

过一会儿，霞客边上的一个人问他们去哪儿，霞客回答说："去都匀。""能给点烟抽吗？"那人又问。霞客说："我从来不抽烟。"

7个人又冷冷地相持了一会儿，霞客看到雨小了，便对顾仆说："可以走了。"那4个人看看天，也说："可以走了。"霞客以为他们会跟着走，待到僻静处为难他们，可是走了一段路发现他们仍留在原处，这时才深深地松了口气。他对顾仆说："好险啦！真不知道他们是什么来头。"

尽管霞客一路上小心谨慎，然而，明盗易躲家贼难防，4月19日，当他们歇足于狗场堡一个苗民家中时，霞客精心储藏的旅费不慎被随行的挑夫洗劫一空。

早在广西时，霞客收下了个挑夫，叫王贵。实际上是他主动找上门的。在由三里城去庆远的路上，闲逛的王贵见霞客有许多行李，便主动上前帮忙，拉话，然后表示对霞客远游的志向很钦佩，说愿意充当挑夫，跟随他出去长见识。而霞客也确实需要一个稳定的挑夫，自从王仆人逃走了，他一路多有不便，便收下了。可不久，霞客就发现王贵行为不端，想辞退他，但经不住他苦苦哀求还是留下了。霞客一路对他都有防备，身上只放些碎银，把几两黄金都藏于盐筒中，但时间长了，还是被王贵摸清了底细。

4月12日这天，霞客同往常一样，天刚亮就起床叫主人做饭。他发现一向懒起的王贵也起来了，跟着催主人做饭。霞客开始并未警惕，可到吃饭时，发现王贵竟不在了，这时才意识到什么，赶紧拿出盐筒一看，果然已被盗之一空。原来王贵起那么早就是偷了黄金想溜呢，被霞客撞见了，只好装腔催主人做饭。

霞客拿着空空的盐筒，很是气愤。这些都是在广西时，好友陆万里等人为他筹的旅费，这一下就全没了！这使霞客前进的旅途又骤然蒙上了阴影。但他并没有退却，而是继续前行。他们往西朝镇宁走去，要去看黄果树瀑布。

黄果树瀑布位于打帮河的支流白水河上，是我国最壮观的瀑布之一。瀑布共分九级，其中第四级最为宏伟，宽有50米，高有66米。水从悬崖上飞流直下，跌入犀牛潭中，激起的水花、水珠高达几十米，发现雷鸣般的巨响，在10里以外都能听到。

霞客在白水铺就听到了轰轰轰的水声。他从陇隙北望，见大水从东北山腋高岩上倾泻而下，白水数丈，翻空涌雪，这是第二级。霞客顺流而下，过白虹桥，又沿河西行半里，但听水声越来越大，如天崩地塌似的。他透过陇隙南望，但见有一瀑如万练飞空，崖上岩石如莲叶下覆，中剜三门，水由叶上漫顶而下，如鲛绡万幅，横罩崖外，下则揭珠崩玉，水雾如烟。霞客不由得想起了"珠帘钩不卷，匹练挂遥峰"的诗句，但又觉得这还不够形容它的壮美。他感慨地对顾仆说："我一生看过很多瀑布，看过比这高峻几倍的，但还从来没看过这么宽阔的。论壮阔，它应属于第一。"

看完了瀑布，他们又向普安前进。过盘江时，有座铁索桥，桥东西两崖相距虽不到15丈，但高却有30丈，下面的水奔腾汹涌，深不可测。早先的人们对这条奔腾于深谷中的河流，一直有办法渡过。用船渡，常船翻人亡，建木桥，很快就会被水冲垮了；建石桥，也因水深流急崖高而没法子。一直到崇祯四年（1631），布政使朱家民方命人筑造了几十条大铁链，横拉两岸，上铺厚木板，而建成了这铁索桥。在桥两旁又拉铁链为护栏。这桥看起来似乎缥缈不定，但人在上面走却又稳如平地，连牛马也可以成群而过。霞客走在桥上，看到头的题字"天堑云航"，觉得名副其实。这政府也算是为百姓办了件大好事啊。

4月29日来到了普安。在店中休整了一天，听说丹霞山值得一看，霞客便又临时改变计划要去游丹霞山。当他匆忙中从驮骑上转移行李时，他剩下的一点旅费又一次被盗。他开始怀疑是赶驮骑的人所盗，自王贵逃走后，他的行李就是随驮骑而走的。可后来一打听，才知道自己住进的是一个黑店。想起店主符新华在他们离开时那种嘲弄人的眼神，钱准是被他偷了。但又无证据，恐怕有证据也是不管用的。

又一次的被盗，使霞客在经济上几乎陷入了绝境，在端午节那天就已是身无分文了，幸好遇上了一个来自湖北的豪爽商人的帮助，才又勉强支持了些时日。不过，对于霞客来说，只要身体健在，就是再大的困难也是压服不了他的。旅途没钱的滋味他也不止是尝过一两次了，在游完九嶷山回衡阳的路上，他就是靠了用衣服换米来度过的。现在已是夏天，秋冬的衣服和棉被尽可以用来解燃眉之急。因而，他没有退却，而是毅然而然地继续前行。

不仅如此，他还绕到滇东南去考察了南盘江。因为志书上对南盘江的记载很不清楚。事实上不仅是志书上，后来他还发现，就是生活于南盘江两岸的村民也都搞不清楚，关于这江上自何来，下往哪去，问10个人，就会有10种说法，甚至还有人说是从天上来的。这也难怪，因为石灰岩地区的江流时常是钻洞穿峡而行的。有时候霞客沿江走着走着，待翻过一个岭江却不见了。

滇东南地区住的几乎都是少数民族，社会秩序极乱，人也非常穷。在师宗一带，有土司普名胜的私人武装横行乡里，吓得人们晚上不开门，在外不敢吭声，几乎到了人人自危的地步。霞客在这一带晚上赶路也会被紧张的气氛吓得心里怦怦直跳。在这一带找住处是异常艰难，常常是连敲数家门也无人搭理。不过所幸的是，每次还都找到了住处。只是接纳他们的都是穷得一无所有的家庭，"食无盐，卧无草。"但只要能有安身的地方，霞客总是高兴的。

就这样霞客克服了一切困难沿南盘江向东而行，直至到了贵州的黄草坝，认为得到了满意的答案，便又复向西行。当霞客于深秋季节来到美丽的春城昆明时，已近乎是衣衫单薄兼衣衫褴褛了。

远道温情

云南府昆明是一座美丽的城市。这里三面环山，一面临池，气候四季如春，终年苍翠满城，自古以来便有"春城"之誉。风景优美的滇池，众多的温泉，和多姿多彩的少数民族风情，又为这里增添了许多神奇。

可所有这些美丽的神奇，对于历尽千辛万苦远道而来的霞客来说，都显得是那么的不相称。因为这时的他，正是异常寒碜，也是异常疲惫，他已为旅费绞尽了脑汁。

然而，有一天，霞客在街上走着，忽然迎面有人向他行礼，并说："先生可是徐相公？唐先生已等您多时了。"唐先生即唐大来，是霞客好友陈继儒的好友。原来是陈继儒想得周到，早已有书信寄到这昆明来了。唐大来因友及友，早早地在恭候着霞客的到来。听到前几日昆明来了两个行为奇特的人，便料定是"足迹遍天下"之霞客，于是便派仆人到街上来找。霞客听明原由，喜出望外，当即跟来人去会唐大来。

这唐大来，原是浙江人，先辈几代为官，但都遭贬，因则家境并不是很好。但他的诗文算得上是滇南第一，在这一带颇有名望。他遍邀地方名士来会霞客，其中有晋宁州守唐玄鹤等。他们一起为霞客凑合了旅费，做了新棉被、棉袄、棉裤等，还四处写信，请沿途的地方官吏对霞客给予关照和帮助。

在异地新朋友的热情款待下，在饮酒谈心、吟诗唱和的氛围里，霞客似乎回到了家乡，一时忘掉了旅途的辛苦，甚至也忘掉了思乡之苦。远道朋友的大力支持，使霞客也更加增添了进一步远游的信心。

在初冬时节寒风侵袭昆明时，霞客告别了众朋友，以焕然一新的姿态，又踏上了往滇西北去的旅途。

霞客很早就有一个愿望，要考察长江，探长江源。在他第一次北上渡黄河时，就开始对长江的源头产生疑问。因为根据当时的资料，黄河发源于昆仑山北，是我国最长的河流，而长江只发源于岷山西北，比黄河要短半截。可霞客所看到的黄河远不及长江壮阔汹涌，水量只及长江的1/3。黄河长，长江短，黄河的水量应比长江大才对，为何反而是相反呢？历代考察黄河源头的人不少，汉有张骞，元有都有实，这说明黄河发源昆仑山北是不会有错的。那么长江的源头肯定不止岷山西北，而应有更远的地方，那又会是哪里呢？但霞客一直没有机会去探长江，弄清这一问题。这一回西南行他打算要解决这一问题了。过元谋县茶房时，听说离金沙江近，他便特地北上考察了金沙江。看到金沙江汹涌澎湃之势，查阅了地方志，他认为"推长江之源，必当以金沙江为首"，从而推翻了几千年来，人们认为岷江为长江上游的错误说法。

返回茶房，霞客又一路向西，翻过妙峰山、青山、天马山、梁王山等，于腊月年关终于来到了慕名已久的佛教圣地鸡足山。

鸡足山，位于宾川西北，由峰峦重叠、逶迤起伏的三支主脉构成。纵观山形，前列三峰，后拖一岭，像一只鸡脚叉开的三爪和后趾，故而名鸡足。在山中有块"迦叶石"，如释迦牟尼大弟子迦叶的法衣，因而相信这里是迦叶佛入定的地方。在唐朝时，崇奉佛教的南诏王封此地为"迦叶尊者守佛衣于此以待弥勒"的圣地。此后，历代在此广修寺院，至元明时，已成为和五台、峨眉、普陀、九华齐名的五大佛教圣地之一。连印度、缅甸、泰国、柬埔寨的僧众，也以能到此朝拜"迦叶的法衣"为一生的荣耀。

霞客上得山来时，正逢李元阳修建了放光寺，木生白修建了悉檀寺，各个古刹也修饰一新。使这里香火更是盛极一时，每天上山的善男信女络绎不绝，像过节日似的。

霞客在悉檀寺见到了弘辨、安仁两位大师，献上了静闻的尸骨和经书。两位大师听霞客讲述了静闻的心愿和一路的经历，都不禁潸然泪下，深深地为这一对僧俗朋友的精神所感动。他们召集众大师，当即为静闻择地修墓、筑塔以作纪念，并待霞客为上宾。

不几日，又是大年三十，霞客同顾仆在新交的僧友沈莘野的楼里煨芋煮蔬，迎新除旧。想起去年的除夕，他们主仆坐在三里城的旅店里对饮的情形，仿佛就在昨天似的，日子过得真快啊！在三里城是鞭炮争鸣，烟火映天，好不热闹。这里则是幽静安详，如隔尘世。在暮色中，霞客凭栏远眺，但见星光满天，由远而垂；山下则火光点之，由近及远。星光、火光上下辉映，在远处相融。沈莘野说这火光是朝山的人们举的火把。看到这情景，霞客还真有点如置身瑶池天街，飘然成仙了的感觉，不禁脱口说道："度除夕于此深山净地，此一宵胜人间千万宵啊！"

元宵之夜，弘辨长老邀霞客去看灯火。这算是出家人享有的一个转世俗化的节日了。灯是福建产的纱灯，纱灯之外，再配些柑皮小灯。有的悬挂树间，有的浮在水面，看上去像一颗颗的明星，而又比明星更有韵味。在寺前平地上铺满松枝，霞客同诸长老盘膝坐在松枝上，赏月谈天。有小和尚给他们献茶，第一道是清茶，第二道是盐茶，最后一道是蜜茶，这似乎包含了人生三味。

在恬淡而充满友情的氛围里，霞客遍览了鸡足山诸胜，装满了许多传说，获得了许多有关滇西北一带的资料。然后，于1639年初春时节，应丽江府知府木生白之邀，又前往鸡足山北的丽江。

这滇西北一带，又是少数民族聚居地，民族众多，情况复杂。由于长期以来大汉族主义的影响，这里的少数民族对汉人多有排外情绪。在往鸡足山的路上，霞客就曾吃了很多苦头，常常难以找到住处，有时甚至问不到路。正因为如此，位于纵深一带，处于金沙江湾的纳西族聚居地——丽江，则长期以来几乎没有汉人涉入过。纳西族的土司木生白，喜欢汉文化，却又苦于得不到汉人的指点。听说有奇人霞客游鸡足，便盛情相邀，为他编的一本汉书《云薖淡墨》进行校正和作序。这对好游的霞客来说，当然也是求之不得。

在丽江，霞客得到了汉族官员根本享受不到的贵宾礼遇，并在专人护理下游览了这片神奇的土地，获得了许多有关纳西族人生产和生活的第一手资料。如他发现这里的耕作制很特别，"三年种禾一次，本年种禾，次年就种豆菜类，第三年则停种，第四年复又种禾。"如此循环往复，轮番耕作，霞客认为很好，有利于保护地利。而在对待天花病方面，则是采取绝地隔离措施，将患者迁往交通不便的九和，"绝其往来，道路为断"。这样一种方式可以阻止天花病的流行，但不利于患者的治疗。

霞客在丽江待的时间并不长，前后仅13天。但在这短短的时间里，霞客高尚的人品和渊博的学识都深深地赢得了木生白的敬重。木生白不忍其离去，一再挽留，要他留下来讲学和修鸡足山志。霞客也被木知府的礼贤下士和真诚所感动，但他游志未竟，不能留步。他答应以后再返鸡足山修志。木生白表示理解，送了份厚礼以充游资。从此以后，他们建立了深厚的友谊。这在丽江一带长期被传为佳话。

最后的旅程

告别了木知府，霞客又开始了一次艰苦的远行。他继续向滇西边境进发，要过边境去缅甸，实现他海外游的愿望。

这时的霞客已是53岁的人了，经过长期的旅途磨难也显得颇为憔悴，但他旅游的性格一点没变，仍然是遇险必趋，有奇必探。他先经鹤庆、剑川南下大理，考察了莽歇岭、金华山和苴碧湖，领略了苍山洱海的大理风光和"结棚为市"的三月街盛会。然后向西横跨横断山脉，考察了奔腾不驯的澜沧江、怒江，并对它们的流向提出了新的看法，纠正了志书上的错误，于4月13日来到了滇西边陲重镇——腾越（今腾冲）。

一到腾越，霞客便找到好友潘一桂，要他安排过境去缅甸。但潘一桂极力劝阻说，近日边境不宁，且那边气候恶劣，语言不通，务必慎重考虑。还对霞客说，这一带环境极差，乃瘴疠流行之地，宜尽早离开。听朋友这样说，霞客虽一时打消了去缅甸的念头，但并没有尽快离开这边陲之地，因为这里实在有太多的神秘吸引着他。

腾越一带，是我国近代地质活动频繁的地区。这里分布有50多座火山，其中有明显火山口的火山锥就有20个，从中流溢出的熔岩面积约达264平方千米。与地质活动紧密相连的是，在地表会有多种多样而又十分壮观的地热现象。在这里，便随处可见壮观的地热蒸气景观及成群涌出的热泉和温泉。

霞客先游览了擂鼓山，然后来到了打鹰山。这打鹰山就是一座典型的火山。霞客远看此山，发现"中起两峰而中坳"，状如马鞍，这就是火山锥的形象。此山也由此又叫马鞍山。这里在明末就曾有一次大规模的火山爆发，当地一个农民告诉他：

这里在30年前尽是蒙蔽无隙的原始森林，密林深处有4个"龙潭"，深不可测，只要有轻微的脚步声，潭中之水便会涌起波浪。有一次，几个放羊人赶着一群羊来到山中放牧，忽然一声霹雳把牧羊人和五六百只羊全部击毙，原始森林也燃烧起了熊熊大火，所有的树木竹林全被烧光，连原来的龙潭也消失变成了石头山。

霞客开始不大信，但当他将信将疑地来到山顶时，发现有许多奇形怪状的岩石，石色赭红，状如蜂窝，初看像是浮沫凝结而成的，质地也很轻，双手合抱的大石只需两个手指就可提起，但石质却异常坚硬，任凭你砸也砸不碎。霞客经过仔细琢磨，认为这该是大火留下的灰烬。这个结论是很正确的，因为这就是火山爆发地喷出的蜂窝状浮石。

下了打鹰山，霞客同顾仆来到了热水塘。热水塘位于一个山坞中，有一条小溪自东峡向西流，溪水是冷的，但奇怪的是，在溪水的两边随地涌出的泉水却是沸腾的热水。热水从泉眼中喷射而出，发出噗噗的声响，跃出水面二三寸。其中，有的几个泉眼聚在一处喷射，也有的从石缝中斜射而出，水温都很高，人们不敢接近。当地人在它的下游挖了个圆池，接纳热泉作露天浴池。霞客同顾仆也在此脱衣洗澡，但这里的水仍很热，他们只能坐在石头上用手撩水而洗。

出了热水塘，他们又来的了石房洞山下。这石房洞山山形奇特，好像是一座尖山有人用刀砍掉了它上面的一截。霞客站在山脚向上望，但见高崖上有个洞，洞口像个大饼镶嵌在峭壁，便又要去探这洞。顾仆说，到洞口没有路，去不了。霞客就叫顾仆看行李，自己一个人去。

霞客从山脚仰攀而上，越往上越陡，没有登脚的地方。他用手拽着草根而上，可过一会儿连草根也没有了，峭壁变得光秃秃的。突出的石头又风化得厉害，手一抓脚一踩就掉。他四肢叉开趴在峭壁上不敢乱动，先用一手探到了一处坚硬的支点再慢慢移动另一手和脚，就这样慢慢前移。后来，手脚都累了，感觉时时刻刻都有掉下去的危险，但又后退不得，只有咬紧牙关坚持到了洞口。

进洞一看，洞并不深，只有五六丈，有很多钟乳石。出洞，霞客又找不到下山的路。见北面悬崖上长满了草，霞客便干脆坐在草上往下溜，两脚向前，两手反在身后拽着草根以减速。如此溜了两里始到山脚，见到顾仆，大有死而复生般的感觉。他兴奋地对顾仆说："我平生历险无数次，但还没有一处险如今天的，差一点儿我就见不到你了！"

可下得山来，霞客仔细摸摸身体各处，发现衣服口袋挂破了，钱没了。怎么办？他只好又做起了卖衣服的营生，把夹衣、绸裤、袜子各一件挑于竹竿上叫卖，有人用200文钱买了他的绸裤，便又继续游览他处了。

游览了腾越北面，他们又来到了腾越南面。在离腾越镇20多里的地方，霞客见到了十分壮观的地热蒸气景观。远远地，霞客就望见前面的峡谷中有如白烟的蒸气升腾，东西各数处，如浓烟卷雾一般。霞客先朝靠近溪流的一处走去，但见有一个四五亩大小的池塘，形似一口大锅，水没其中。塘中的水呈浑浊的白色，从下面沸腾向上滚涌，沸泡像弹丸一般大小，百枚齐跃，有的冲出水面一尺多高，发出巨响。这就是硫黄塘大滚锅。尽管当时下着不小的雨，但霞客还是感到热气袭人，不敢太近前。霞客继续溯小溪西上，没走多远，山坡间的烟雾更浓，只见石质山坡上有一个张开的洞口，里面有一个喉管似的通道，有热水和蒸气从中喷射而出。但它是间歇性的，如人的呼吸。喷射时声如虎吼，甚势甚猛，水柱有数尺高。人站在几尺之外，风卷起热水的飞沫散到脸上仍很烫人。

由这里再往山坡上走百余步，烟势更大，山坡上有一围沙地，中间有几百个孔道，沸水和热气从中跃出，如同有几十人在下面鼓风煽火似的。沙地上不仅水热，沙子也烫得不能立足。这热气泉中含有硫黄和硝，当地许多居民就在附近凿池引水，收集其中的硫黄和硝以营生。

霞客在腾越待了40余天，后又在附近的永昌一带进行了两个多月的系统考察，收集了大量有关地热和其他方面的资料，填补了我国志书上关于滇西一带记载极为缺乏的不足。

但正如霞客朋友所说，这一带环境实在是太恶劣了，不宜久留。后来霞客便浑身生疮，"头面四肢，俱发疹块，累累丛肤里间。左耳左足，时时有蠕动状。"其实，因长期的野外考察生活，不能保障饮食，也不能得到很好的休息，霞客的身体很早就已受到伤害。在江西考察时，就曾患足疾，在广西南部又曾手臂生疮，进入云南后则足疾时有发生。现在因久历瘴疠之地，这些都一并复发了，并且情况越来越不差。于是他决定返鸡足山养病，待病好后再作他图。但没想到的是，从此便为他的旅游生涯画上了句号。

在返回鸡足山后不久，霞客又遭受了精神上的重大打击——对他一直忠心耿耿并且已形同家人的顾仆，竟不辞而别，逃回家去了。在霞客的远游过程中，顾仆是作出了重大贡献与牺牲的，几年别家弃子，与主人共患难同风雨。尤其是静闻去世后，顾仆成了霞客的唯一旅伴，是他能一直坚持西游的重要支撑。但顾仆在这个时期不辞而别，对霞客的打击显然是非常巨大的，这无异于砍去了霞客的左膀右臂，尤其是从此以后，在这异地他乡，就剩下他病残之躯孤零零的一个人了。

  但霞客也并没有因此而退却，仍然在坚持着。在此后的数月中，霞客一边坚持治疗，一边修《鸡足山志》，可志成病却愈甚。当他度过了在外的第四个新年后不久，竟两脚都不能站立了，身体日益衰弱。到这时，这位刚强的旅人才终于想家了。丽江木知府为他造了一辆马车，派人送他回家。经过150多天的颠簸，至湖北黄冈，然后由黄冈友人侯大全帮忙转水路，于1640年仲夏返抵家中。

彩虹永不消逝

霞客病归故里，整日卧床不起，不能见客。但这时他仍然记挂着他的旅游事业。他把从外地带回的各种各样的怪石放在床头，摩挲相对。这些怪石都是他每次出游精心捡回来的岩石标本。看到这些怪石，他就能回想起每一次的经历，仿佛自己又走进大自然了。他是多么希望自己还能再走进大自然啊！他一生游历了许多地方，查明了许多问题，这是他值得欣慰的事。但他还有许多想去的地方没去呢，还有许多问题没弄明白。

他在病中给朋友的信里也曾多次表明他的这一愿望，在给陈函辉的信中就说：当年我辞家西游，历尽艰险，本以为我这把老骨头再也回不到江阴了。现在我终于回来了，但因病魔缠身，只能卧游病榻，我多么希望能很快再与你同游雁荡啊！

但世事不如人愿，他的病在家人的悉心照料下还是日重一日。在1641年3月8日（崇祯十四年正月二十七），这位伟大的旅人，终于走完了他的人生之旅，永远告别了大自然，告别了社会和友人！

　　徐霞客走了。作为旅人的一生，他并没有给自己和家庭带来财富和荣耀，但他却给社会和后人带来了无价的财富和永久的精神食粮——《徐霞客游记》和徐霞客精神。

　　徐霞客在30余年的旅行生涯中，一直坚持写旅行日记，积累了大量的手稿。可惜的是他自己生前来不及整理成册，在临终前托付给了家庭教师季梦良。季梦良和王忠纫一道花了3年的时间整理排序，查缺补漏，汇成一编。但尚未来得及付梓，即遭社会变革，清军大举南下，江阴被屠城，霞客的家人几乎全部遇难，游记也随之散失。后来季梦良和霞客庶子李寄（霞客之妾李氏所生）四处访稿，重新整理得以付梓。但清初社会动荡，这个本子不久又失传了。幸亏霞客的游记文辞优美，内容清新，许多篇章作为手抄一直在民间流传着。后来到徐霞客的族孙徐镇时，又进行了一次广泛的搜集和整理，并在霞客去世135年之后的1776年，终于正式出版了《徐霞客游记》。

　　经人考证，我们现在所能看到的《徐霞客游记》，实际上只及霞客手稿的1/5，霞客手稿的4/5都因历史的原因而散失了。这是个多么大的遗憾啊！也是历史的悲哀！但经历了社会大变革，几经周折，最终还是让我们看到了

《徐霞客游记》，并且最主要的西南行的内容大部分都在，这又可谓是不幸中之万幸！

尽管世人能看到的《徐霞客游记》只及原稿的1/5，但这仍不失为一部闪耀着光辉的科学巨著，无论在中国科技史上，还是在世界科技史上，都不失为一座历史的丰碑。它是一部实地考察地理的力作，没有道听途说，没有相沿抄袭，摒除了我国传统地理著述中的陋习，开辟了我国地理研究的新方向。它还是一部地理与文学相结合的力作，清新的笔调，亮丽的文辞，生动的描述，无不给人以美的享受，倡导了我国地理写作的新方法。它在中国、在世界历史上都是最早系统地研究和分析岩溶地形和地下洞穴的一部力作，书中描述的岩溶地貌达22种，记述的洞穴达357个，其中分类和名称概括都极为科学，推动了近代岩溶地形地理和洞穴学的建立与发展。

尽管《徐霞客游记》只及原稿的1/5，这使徐霞客的很多经历和业绩我们都无从了解，但从这部书中所记述的霞客的有限经历中，我们还是可以充分领略到这位伟大旅人和科学家的伟大精神。

徐霞客的精神是务实的精神。他不注重个人名利和社会地位，不迎合世俗社会的时尚，有文学却不求功名，而是去追求能带来实际知识和对社会有切实用处的地理考察事业。

徐霞客的精神是为事业矢志不渝的精神。徐霞客自从确立了旅游的志向后，就一直没有动摇过，无论是经历了什么样的家庭变故与社会变革，无论是经受了多大的肉体磨难和精神打击，都没有退却，甚至到生命的最后时刻还表示要"乘化而游"。

徐霞客的精神是为事业而不怕牺牲的精神。为寻雁湖，他曾坠悬崖，处绝地；为探武夷奇岩，他曾循凹隙过绝壁；为探三分石，曾露宿暴风雨夜；为览边陲胜景，曾久历瘴疠之地……一生历险无数次，断粮、遭劫等陷入各种困境也无数次，他从未吝惜过自己的生命，直至把整个生命都交给了地理考察事业。

到今天，这位伟大的旅人虽然已远去我们360多年了。在这期间，社会发生了深刻的变化，许多历史的东西被淘汰，但徐霞客的名字，徐霞客的精神和《徐霞客游记》一直没被人们所遗忘。在神州大地，历代有人传颂着"千古奇人"的故事，在他的家乡还流传着更多的关于奇人的传说。他的坟墓，他献给母亲的"晴山堂"，和他走过的石板桥，都一直被人们所保护着。在他无数次地进出家乡门口必须经过的石板桥上，人们刻下了这样一副对联：

曾有霞仙居北坨
依然虹影卧南旸

这不正反映了后人们对这位伟大旅人的永久怀念吗？徐霞客的形象、霞客的业绩和霞客的精神永远不会消逝！

世界五千年科技故事丛书

01. 科学精神光照千秋：古希腊科学家的故事
02. 中国领先世界的科技成就
03. 两刃利剑：原子能研究的故事
04. 蓝天、碧水、绿地：地球环保的故事
05. 遨游太空：人类探索太空的故事
06. 现代理论物理大师：尼尔斯·玻尔的故事
07. 中国数学史上最光辉的篇章：李冶、秦九韶、杨辉、朱世杰的故事
08. 中国近代民族化学工业的拓荒者：侯德榜的故事
09. 中国的狄德罗：宋应星的故事
10. 真理在烈火中闪光：布鲁诺的故事
11. 圆周率计算接力赛：祖冲之的故事
12. 宇宙的中心在哪里：托勒密与哥白尼的故事
13. 陨落的科学巨星：钱三强的故事
14. 魂系中华赤子心：钱学森的故事
15. 硝烟弥漫的诗情：诺贝尔的故事
16. 现代科学的最高奖赏：诺贝尔奖的故事
17. 席卷全球的世纪波：计算机研究发展的故事
18. 科学的迷雾：外星人与飞碟的故事
19. 中国桥魂：茅以升的故事
20. 中国铁路之父：詹天佑的故事
21. 智慧之光：中国古代四大发明的故事
22. 近代地学及奠基人：莱伊尔的故事
23. 中国近代地质学的奠基人：翁文灏和丁文江的故事
24. 地质之光：李四光的故事
25. 环球航行第一人：麦哲伦的故事
26. 洲际航行第一人：郑和的故事
27. 魂系祖国好河山：徐霞客的故事
28. 鼠疫斗士：伍连德的故事
29. 大胆革新的元代医学家：朱丹溪的故事
30. 博采众长自成一家：叶天士的故事
31. 中国博物学的无冕之王：李时珍的故事
32. 华夏神医：扁鹊的故事
33. 中华医圣：张仲景的故事
34. 圣手能医：华佗的故事
35. 原子弹之父：罗伯特·奥本海默
36. 奔向极地：南北极考察的故事
37. 分子构造的世界：高分子发现的故事
38. 点燃化学革命之火：氧气发现的故事
39. 窥视宇宙万物的奥秘：望远镜、显微镜的故事
40. 征程万里百折不挠：玄奘的故事
41. 彗星揭秘第一人：哈雷的故事
42. 海陆空的飞跃：火车、轮船、汽车、飞机发明的故事
43. 过渡时代的奇人：徐寿的故事

世界五千年科技故事丛书

44. 果蝇身上的奥秘：摩尔根的故事
45. 诺贝尔奖坛上的华裔科学家：杨振宁与李政道的故事
46. 氢弹之父—贝采里乌斯
47. 生命，如夏花之绚烂：奥斯特瓦尔德的故事
48. 铃声与狗的进食实验：巴甫洛夫的故事
49. 镭的母亲：居里夫人的故事
50. 科学史上的惨痛教训：瓦维洛夫的故事
51. 门铃又响了：无线电发明的故事
52. 现代中国科学事业的拓荒者：卢嘉锡的故事
53. 天涯海角一点通：电报和电话发明的故事
54. 独领风骚数十年：李比希的故事
55. 东西方文化的产儿：汤川秀树的故事
56. 大自然的改造者：米秋林的故事
57. 东方魔稻：袁隆平的故事
58. 中国近代气象学的奠基人：竺可桢的故事
59. 在沙漠上结出的果实：法布尔的故事
60. 宰相科学家：徐光启的故事
61. 疫影擒魔：科赫的故事
62. 遗传学之父：孟德尔的故事
63. 一贫如洗的科学家：拉马克的故事
64. 血液循环的发现者：哈维的故事
65. 揭开传染病神秘面纱的人：巴斯德的故事
66. 制服怒水泽千秋：李冰的故事
67. 星云学说的主人：康德和拉普拉斯的故事
68. 星辉月映探苍穹：第谷和开普勒的故事
69. 实验科学的奠基人：伽利略的故事
70. 世界发明之王：爱迪生的故事
71. 生物学革命大师：达尔文的故事
72. 禹迹茫茫：中国历代治水的故事
73. 数学发展的世纪之桥：希尔伯特的故事
74. 他架起代数与几何的桥梁：笛卡尔的故事
75. 梦溪园中的科学老人：沈括的故事
76. 窥天地之奥：张衡的故事
77. 控制论之父：诺伯特·维纳的故事
78. 开风气之先的科学大师：莱布尼茨的故事
79. 近代科学的奠基人：罗伯特·波义尔的故事
80. 走进化学的迷宫：门捷列夫的故事
81. 学究天人：郭守敬的故事
82. 攫雷电于九天：富兰克林的故事
83. 华罗庚的故事
84. 独得六项世界第一的科学家：苏颂的故事
85. 传播中国古代科学文明的使者：李约瑟的故事
86. 阿波罗计划：人类探索月球的故事
87. 一位身披袈裟的科学家：僧一行的故事